AF186343

SEZ GIN

ERZIEHUNG
IM
GROSSEN KÖNIGREICH

©Sez Gin
Erziehung im Grossen Königreich
Layout: H&D
Verlag & Druck: Tredition GmbH, Hlenreie 40-44,
22359 Hamburg
ISBN 978-3-347-22643-2 | Paperback
ISBN 978-3-347-22644-9 | Hardcover
ISBN 978-3-347-22645-6 | e-Book

Inhalt

Unwissenheit und Faulheit
sind die größten Feinde des Menschen

–Setz dich Max und hör genau zu, was ich zu sagen habe. Du bist bereits siebzehn Jahre alt und der Thronfolger. Bisher haben wir dir viele Dinge mit Lehrern aus unserem Königreich beigebracht und alles was du weißt ist theoretisch, aber du musst auch außerhalb unseres Königreichs auf einige Wahrheiten stoßen. Du musst mindestens ein Jahr lang durch andere Königreiche reisen, um zu sehen wie sie leben und welche Schwierigkeiten manche Menschen durchgemacht haben, und um all dies zu spüren, aber auch um zu lernen, wozu ihre Handlungen führen. Du musst klüger werden, um unser Königreich zu führen. Du wirst klüger, wenn du viel Wissen erwirbst. Die Frage ist, wie richtig und qualitativ du dich an das Wissen und Handeln für Moral und Werte anpassen kannst. Eine gute Erziehung ist eine Grundvoraussetzung für eine gute Gesundheit und ein erfolgreiches Leben. Ein Mensch ist vollständig, wenn er eine geistige und körperliche Gesundheit hat. Ich habe keinen Zweifel, dass wir dich als Thronfolger vorbereitet haben. Unsere besten Lehrer haben dich unterrichtet. Du kannst alle Wissenschaften sowie Sport betreiben. Du hast nur im Palast gelebt und kennst nur die eine Seite der Münze.

Es ist Pflicht, die andere Seite der Münze zu sehen, um zu sehen wie andere Menschen dies erleben. Unser Königreich ist eines der am meisten verehrten. Wie du weißt, haben deine Vorfahren vor Hunderten von Jahren dieses Königreich mit viel harter Arbeit, Verhandlung, Geduld, Ausdauer, Einsicht und Selbstaufopferung geschaffen, um alle Königreiche auszugleichen. An den Grenzen zu anderen Königreichen haben sie einen ein Kilometer langen Gürtel für den Freihandel angelegt, damit alle Händler aus Königreichen dorthin kommen und miteinander handeln können. Diese Barriere ist wie eine unantastbare Zone, die uns vor allem und jedem schützt. Zusätzlich haben wir vier Gebäude auf unserer Seite mit Eingängen zur Freihandelszone. Die beiden Gebäude sind Gerichte, eines für die Probleme zwischen Königreichen, wenn sie sich streiten und plündern, sind wir der Schiedsrichter, genauer gesagt ich und dann du. Der andere ist für die großen Kaufleute, die zwischen Königreichen handeln. Die beiden anderen Gebäude sind Tresore für Geld. In einem Gebäude besteht die Möglichkeit, dass alle Könige ihre Juwelen aufbewahren können und jeder besitzt ein Zimmer und einen Schlüssel dazu. Das andere Gebäude ist für die großen reichen Kaufleute bestimmt. Wir bewachen beide nur. Jeder weiß, dass wir Goldreserven bei uns haben und wagt es nicht, uns anzugreifen, weil es den Zorn aller anderen auf sich ziehen würde. All dies wurde von unseren Vorfahren gemacht und wir müssen es gemäß den Regeln pflegen und aktualisieren. Deshalb haben wir die größte Bibliothek. Es ist unsere stärkste Waffe. Wir sammeln alle Geschichten und Lektionen, die uns bei Bedarf dienen können. Wir wissen, dass Wissen stärker ist als jede Waffe. Wenn du die Ansprache beherrschst, kannst du eine Person immer unterwerfen, indem du die Kontrolle über Ihre Gefühle übernimmst.

Im Laufe der Jahre gehen junge Menschen im passenden Alter immer zu anderen Königreichen und bringen uns Informationen darüber, was sie mehr produzieren als wir, was sie neu erfunden haben, wie gut ihre Könige regieren, welche Steuern sie erfinden und was ihre Absichten sind. Wir brauchen diese Informationen, weil sie uns zum Beispiel im Umgang mit Kaufleuten und Königen helfen, aber auch wenn wir etwas Nützliches für Menschen oder die Entwicklung für ein besseres Leben lernen, wenden wir sie auf uns an. Außerdem erfahren wir, wo die beste Ernte ist, und können dort kaufen und mit gutem Gewinn verkaufen. Oder wir wissen, in welchem Dorf die besten Karren hergestellt werden, kaufen sie von dort und verkaufen sie dann an andere Königreiche in der Freihandelszone. Wenn Sie eine Person mit Wissen haben, besteht keine Angst, dass sie keinen Erfolg haben wird. Aber um das Wissen zu haben, braucht man eine sehr gute Erziehung für gute Gewohnheiten, Kontrolle über Gefühle und alle Faktoren, die sie immer nüchtern halten. Wir streben nach jedem Menschen in unserem Königreich. Wir behandeln andere Menschen aus anderen Königreichen immer richtig und deshalb respektieren sie uns. Es ist Zeit, in andere Königreiche zu reisen, Wissen zu sammeln und, wenn du etwas neues und schönes siehst und verstehst, kannst du das auch in unserem Königreich anwenden. Aber mein Rat an dich ist, zu beschreiben, was du gut findest, und immer, wenn du von einem weisen Menschen hörst, ihn zu besuchen - das ist sehr wichtig für dich. Sie sind eine unerschöpfliche Wissensquelle. Wir verlassen uns auf gute Gesundheit, Liebe und Verständnis mit Verwandten und Fremden sowie auf das Wissen, das wir als Erziehung erworben haben, und auf die Gewohnheiten, die wir jeden Tag anwenden, um Ereignisse und Umstände zu überwinden, ohne jemandem Schaden zuzufügen. Und umgekehrt allen in allem und überall zu helfen. Wir müssen nicht nur fair sein, sondern auch die Dinge sehr richtig verstehen, um uns dessen bewusst zu sein, sie aus mindestens zwei Gesichtspunkten zu betrachten und zu beurteilen, damit der Verurteilte zufrieden bleibt. Der Schöpfer hat das für uns so arrangiert in der Lage zu sein, uns selbst zu verletzen, aber auch unser Leben zu entwickeln und damit zu verbessern, indem wir es schön und bedeutungsvoll machen. Um Gleichgewicht und Harmonie zu haben, wird es immer Gut und Böse geben, Weiß und Schwarz, Lachen und Tränen. Der Mensch lebt mit seinem Körper, mit seinem Geist, aber auch mit seiner Seele. Der Schöpfer hat für uns arrangiert, dass nur zwei Seelen, zwei Gedanken und zwei Körper zweier verschiedener Geschlechter einer neuen Seele mit einem neuen Körper, mit einem neuen Geist neues Leben geben können. Um in unserem menschlichen Körper zu bleiben, ohne dies zu beenden, sind viele Zugeständnisse von nüchternen Menschen erforderlich, um Gleichgewicht und Harmonie aufrechtzuerhalten, aber dies kann nur mit Wissen geschehen. Es ist kein Kriterium, in einer guten Familie geboren zu sein, um erfolgreich zu sein. Es erfordert viel Ausdauer, um eine Person mit Charakter und guten Gewohnheiten zu werden, nicht nur für den physischen Körper, sondern auch für Geist und Seele, damit Frieden herrschen kann. Deshalb, mein Sohn, kleide dich morgen wie ein gewöhnlicher Bürger, nimm dein Tintenfass und deinen Federstift und schreibe alles auf, was dir wichtig ist und was dich weiser und gerechter macht, aber mit den heiligen

Schriften wirst du das Wissen zukünftigen Generationen überlassen. die Fehler, die sie nicht machen, indem sie von ihnen lernen. Ich wünsche dir eine erfolgreiche Rückkehr zu deinem achtzehnten Jahrestag. Und möge Gott dich beschützen.

Der Mensch hat immer die Möglichkeit

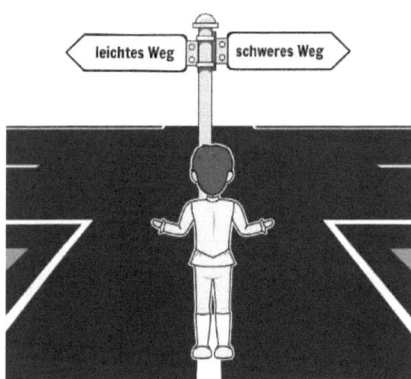

Max wachte auf. Er frühstückte, verabschiedete sich von seinem Vater, seiner Mutter und seiner Schwester und ging zu dem Lehrer, der mit allem, was er für die Reise brauchte, auf ihn wartete. Kleidung, eine Tüte und Anweisungen, um sich daran zu erinnern, ob während seiner Reise etwas Unvorhergesehenes passiert ist. Max zog sich um, hörte geduldig den Anweisungen seines Lehrers zu und machte sich auf den Weg in die anderen Königreiche. Mitten am Tag sah Max einen Ochsenkarren neben ihm vorbeifahren. Ein gut gekleideter Vater und sein Sohn reisten darin. Der Vater war vierzig Jahre alt und der Sohn war zwanzig Jahre alt. Der ganze Karren war beladen mit Obst und Gemüse.

– Hallo, wohin gehst du, Junge? - fragte der Fahrer.

– Ich gehe ins nächste Königreich. - sagte Max.

– Und wir fahren auch dahin, steig ein, wir bringen dich dorthin.

Max stieg in den Ochsenkarren und um ein Gespräch zu führen fragte den Vater:

– In wie vielen Tagen werden Sie Ihre Ware verkaufen können?

– Die Waren sind nicht zum Verkauf, sondern zum Tausch. -
antwortete der Vater und fuhr fort.
– Es ist sehr sauber in unserem Königreich, die Menschen
leben seit vielen Jahren so, es ist eine Lebensweise. Alle
Bürger sind verpflichtet, dieser Lebensweise zu folgen, damit
wir Krankheiten vermeiden. Hygiene ist ein Faktor, der unser
Leben verlängert und für uns alle angenehm und schön für die
Augen ist. Mein Sohn ist bereit zum Heiraten, aber er möchte
keine Braut aus unserem Königreich und wir werden eine
Braut aus einem anderen Königreich auswählen. Aber um zu
wählen, müssen wir ein Mädchen finden, das fleißig und
sauber ist, damit wir sie mitnehmen können, um in unserem
Königreich zu leben. Es ist seit vielen Jahren üblich, dass wir,
wenn ein junger Mann und eine junge Frau sich nicht mögen,
die Mädchen aus anderen Königreichen so auswählen, wie wir
es uns vorgenommen haben. Genauer gesagt, wir geben Obst
und Gemüse im Austausch gegen Müll zu Hause, wo es
Brautjungfern gibt. Wir fragen in den Dörfern, in welchem
Haus es Brautjungfern gibt und wir halten nur dort an. Und in
dem Haus in welchem es den geringsten Müll gibt und mein
Sohn die Brautjungfer möchte, werden wir sie darum bitten.
Wenn wir sagen, dass wir aus dem Großen Königreich
kommen, stimmen die Eltern immer zu, weil sie wissen, dass
das Leben im großen Königreich schöner ist und die
Menschen mit Liebe und Verständigkeit leben.
– Sehr gut, Sie haben einen Weg für die Jungen gefunden,
aber im Großen Königreich gibt es vermutlich Mädchen, die
das gleiche Problem haben. Wie lösen Sie es? - fragte Max.
– Wir haben eine Lösung für dieses Problem gefunden. Als wir
die Gesetze in unserem Großen Königreich erlassen haben,
haben wir auch darüber nachgedacht. Alle zwei Jahre wird
innerhalb der Grenzen unseres Königreichs ein Wettbewerb
junger Menschen aus anderen Königreichen um die Ehe

organisiert. Es gibt bestimmte Orte, an denen sie je nach Anzahl der zu heiratenden Mädchen neue Häuser bauen. Der Wettbewerb besteht aus denjenigen, die in ihrem Handwerk sehr gut sind: Maurer, Schmiede, Schneider, Tischler und alle Arten von handwerklichen Fähigkeiten. Gleichzeitig werden im Rennen die Häuser der jungen Familie gebaut. Maurer bauen, Tischler bauen Zäune, Betten, Tische für neue Häuser. Schneider nähen Sachen, die für das Haus benötigt werden. Alle Materialien stammen von unserem König. Die neue Familie hat also eine Grundlage. Im Leben haben sie weniger Probleme und mehr Familienglück. Die Jury setzt sich aus den Mädchen und ihren Eltern zusammen, die die Arbeiten beobachten. Wenn sie jemanden beurteilen und an ihm Gefallen finden, schicken sie das Mädchen, um ihm zu helfen und ihn zu ermutigen. Wenn dem Mann das Mädchen gefällt, lässt er sich von ihr helfen. So lernen sie sich kennen, helfen sich gegenseitig, heiraten und bekommen ein Zuhause.

Die Straße teilte sich in zwei Teile.

– Ich wünsche Ihnen viel Glück und Erfolg, ich werde meinen Weg fortsetzen.

– Das wünsche ich dir auch, Junge. - antwortete der Vater und führte die Ochsen.

Bemühe dich, das zu tun, was dir Spaß macht

Max ging den Weg im Wald entlang und erreichte einen Mann. Er ging so schnell, als ob er es eilig hätte.
– Hallo Passagier, wohin gehst du so schnell? - fragte Max.
– Hallo, kleiner Junge, ich gehe in das benachbarte Königreich, dort ist ein sehr weiser Mann, von dem ich ein Rat bekommen möchte. Wenn du den gleichen Weg hast, können wir zusammen reisen und ich kann dir meine Geschichte erzählen. Ich heiße Nobel. Max machte es nichts aus und er stimmte freudig zu, Nobels Geschichte zu hören. Sie gingen langsam und Nobel begann ihm seine Geschichte zu erzählen.
– Als ich klein war, hatten wir noch nicht genug Geld in der Familie, meine Mutter jammerte immer wieder, dass sie keinen Mann geheiratet hatte, der mit seinem Handwerk viel Geld verdienen konnte, um den täglichen Bedarf zu decken. Die ganze Zeit, wenn ich etwas kaufen wollte, sagten sie mir immer wieder, dass sie kein Geld hätten, ich dürfte aber, wenn ich groß sei, einen ertragreichen Beruf erlernen, damit zumindest meine Kinder nicht so leiden müssten wie ich. Als ich achtzehn war, hörte ich, dass es in einem fernen Königreich einen Mann gäbe, der alles über riesige Raubtiere wusste. Ich dachte, wenn ich alles über diese Kreaturen wüsste, würde ich lernen, wie man sie tötete und so ein

Mörder riesiger Raubtiere werden. Ein Handwerk, das nur wenige kennen und vor dem sie Respekt haben. Menschen, denen der Mut fehlt, werden mir viel Geld geben, damit sie gerettet werden und sie diese Raubtiere loswerden. Also nahm ich das ganze Geld meiner Eltern, suchte ihn und fand ihn. Sobald ich ihn gefunden hatte, bat ich ihn:
– Meister, bitte bringen Sie mir bei, riesige Raubtiere zu töten.

– Das ist keine so einfache Aufgabe. – antwortete mir der Lehrer.

– Man muss viele Jahre lernen, um die Fähigkeit zu beherrschen, riesige Raubtiere zu besiegen. Bist du bereit, die nächsten Jahre mit mir hier in diesem Wald zu verbringen? Bist du bereit, von morgens bis abends unermüdlich zuzuhören und zu lernen? Wir werden nur theoretisch studieren, weil es hier keine großen Raubtiere gibt.

– Ich bin zu allem bereit! – antwortete ich direkt, ohne auf seine Worte einzugehen.

– Und hast du genug Geld, um mein Training zu bezahlen? Wir werden viel Zeit miteinander verbringen, aber irgendwie muss ich meinen Lebensunterhalt verdienen.

– Ich werde dir mein ganzes Geld geben, lehre mich einfach, diese Raubtiere zu besiegen. - sagte ich zuversichtlich und dachte, wie großartig ich anschließend sein würde.

Er stimmte zu und ließ mich mit gehen. Es vergingen zwei Jahre, in denen ich fleißig alles tat, was der erfahrene Lehrer mir sagte, aufmerksam zuhörte und meine ganze Energie in die Beherrschung dessen investierte, was er wollte. Er brachte mir bei, wie man Fallen macht und wie man riesige Raubtier fängt. Schließlich sagte mir der Lehrer:

– Jetzt weißt du alles was ich weiß. Du kannst dich jetzt jedem Raubtier stellen und es besiegen. Ich ging zufrieden, obwohl mir das Geld ausgegangen war, ich war froh, dass ich riesige Raubtiere töten konnte, ich wusste alles über Dinosaurier, Mammuts und Fabelwesen. Und ich war einer der wenigen Menschen, die das wussten.

Ich ging stolz durch Dörfer und Königreiche und bot den Menschen meine Dienste an.

– Was kannst du tun, Junge? – fragten sie mich.

– Ich kann riesige Raubtiere töten und Sie auf diese Weise vor ihnen retten! - prahlte ich.

– Na ja, wenn diese Wesen auftauchen, werden wir uns sicherlich an dich wenden, aber wir brauchen es vorerst nicht.

So vergingen Tage, Monate und Jahre meines Lebens, die Leute stellten mich nicht ein. Ich traf niemals eines dieser Wesen und hörte auch niemals davon, anscheinend waren sie vor langer Zeit ausgestorben. Und da ich sonst nichts kann, gehe ich seither und lebe in Armut und Elend. Also gehe ich zu diesem Weisen, um mir Ratschläge geben zu lassen, was ich tun soll. Ich hoffe es hilft mir.

Am Abend erreichten wir den Hügel, wo sich auch das Haus des Weisen befand. Der Weise nahm uns bei sich zu Hause auf. Er gab uns Essen und Schutz, um die Nacht zu verbringen. Er versicherte uns, dass er am Morgen, wenn wir aufwachten, unsere Fragen beantworten würde, aber jetzt sei die Zeit zum Schlafen, am Morgen sei es klüger als am Abend, weil der Körper ruhe, aber der Geist und die Seele uns nüchterner antworten könne. Wir wachten auf und sahen, dass Essen auf dem Tisch stand. Der Weise schickte uns zum Fluss, um unsere Gesichter und Hände zu waschen und dann zu frühstücken und erst dann zu ihm zu gehen. Wir taten, was der alte Mann wollte, und setzten uns schließlich vor ihn.

– Ich höre dir zu. - sagte der alte Mann, und so begann Nobel, dem Weisen seine Geschichte zu erzählen. Der Weise war kurz still und begann zu sprechen.

– Das Training entzündet eine Flamme und füllt kein Gefäß, sagte ein sehr kluger Mann namens Sokrates.

Dein Wunsch, ein Jäger großer Raubtiere zu werden, hängt von deiner Lebensweise ab, und die Umgebung um dich herum hat dich gezwungen, nach etwas zu suchen, von dem du dachtest, es sei nützlich, um reich zu werden. Viele Leute machen es auf deine Art, aber wie deinen Fall, wie riesige Raubtiere, die vor einiger Zeit verschwunden sind, musst du deinen Blick und deine Gedanken leicht ändern. Du kannst ein Hirte werden und manchmal kleinen Raubtieren und möglicherweise einem Bären begegnen. Es gab einmal einen großen Mann namens Buda. Als ein Mann ihn fragte, wie er seine Berufung vor einer Gruppe von Menschen finden könne, antwortete er:

– Denk mal nach, wenn du alle Reichtümer der Welt und alle Güter hättest, aber am Morgen aufstehen würdest und etwas tun würdest, das dir Freude macht, und es mit Liebe tust. Du musst damit beginnen, denn was du mit Liebe tust und dich nicht langweilt, ist etwas, das du gerne tun wirst, was dir und allen, denen du deine Arbeit anbietest, gefallen wird. Und jede Arbeit zahlt sich früher oder später aus. Du musst erkennen, dass nur die Fähigkeiten und Kenntnisse gut sind, die den Menschen zugutekommen, und deshalb bezahlen sie dir dafür. Wenn du nicht vom Gelddurst geblendet wirst, wirst du nicht nach diesem Lehrer suchen, sondern nach einem anderen, der dir beibringt, nach dem was in deinem Herzen ist, zu suchen. Aber solange man lebt, lernt man. Als Kind hast du vielleicht einen Traum oder während dieser Zeit, als du auf Tour warst, sahst du einen Meister arbeiten und wünschtest, du würdest so werden wie er.

Das Leben geht weiter und man muss kämpfen, um etwas zu erreichen. Denk daran, was auch immer du tust, baust oder erfindest, es wird nach dir bestehen, aber du hast die Wahl. Ich kann dir nicht sagen, was du tun willst, du wirst selbst denken und entscheiden.

Der alte Mann stand auf und sagte, er hätte eine Verpflichtung und müsse gehen.

– Vielen Dank für Ihre Gastfreundschaft und Ihren Rat an Nobel. Ich glaube, er wird nachdenken und eine Lösung finden. Bleib gesund.

Er hinterließ dem alten Mann ein paar Münzen und machte sich auf den Weg zu Max. Nobel saß still, ohne mit dem alten Mann oder Max zu sprechen.

Wenn es Hoffnung gibt, wird es immer eine Zukunft geben

Max ging zwei Tage lang, ohne jemanden zu treffen. Abends, mitten auf dem Feld, bemerkte er einen jungen Mann, der weinend auf dem Boden saß und einen Haufen Kohlen vor sich hatte. Er ging zu ihm und setzte sich.

– Hallo, was ist passiert, dass du so traurig bist? Wie heißt du? - fragte Max.

Der junge Mann wischte sich die Tränen weg und antwortete:

– Mein Name ist Tom und ich muss dir von der Traurigkeit erzählen.

– Gestern als ich gereist bin sah ich einen kleinen Baum in diesem Waldgebüsch, setzte mich daneben, um mich auszuruhen, und sagte ich mir sofort:

– Ach, wie klein es ist, aber es wirft immer noch einen Schatten auf mich. Ich kuschelte mich unter seine Krone und schlief ein. Eine Stunde später wachte ich jedoch auf und spürte, wie sich mein Magen vor Hunger drehte. Und dann schaute ich auf die Äste des Baumes und sah Früchte. Ich riss sie ab und aß. Es wurde Abend und es war kalt. Ich war leicht angezogen, ich hatte keine anderen Kleider und ich war hoffnungslos, Ich beschloss, ein Feuer anzuzünden, damit ich abends nicht friere. Ich verwandelte den kleinen Baum in Splitter, beeilte mich, sie anzuzünden, wärmte mich mit ihnen und schlief süß ein. Am nächsten bin ich aufgewacht. Die Sonne brannte heiß und mein hungriger Magen knurrte wieder, aber der Baum war nicht mehr da, um mich im Schatten zu schützen und mich zu füttern. Erst dann wurde mir klar, was ich getan hatte. Anstatt darüber nachzudenken, wie der Schatten des Baumes mir geholfen und mir seine saftigen Früchte gegeben hatte, um meinen Hunger zu stillen, musste ich verstehen, dass jeder, der ihn fand, ihn auch ausnutzen konnte, ich zerstörte ihn. Welche Rücksichtslosigkeit habe ich getan, dass ein Mensch, der nicht denkt, bevor er etwas sagt oder hastig etwas tut, nur um seine Launen zu befriedigen schadet sich selbst und somit den anderen.

Max nahm Brot und zwei Stücke getrocknetes Fleisch aus der Tüte, reichte ihm die Hälfte und gab ihm sein Ersatzhemd...

Nachdem sie gegessen hatten, sagte er zu ihm:

– Du kannst die Vergangenheit nicht zurückbringen, aber du kannst über deine Zukunft nachdenken. Nachdem du dienen Fehler erkannt hast, hast du einen großen Schritt nach vorne gemacht. Du hast also etwas zu kämpfen. Versuch, etwas Bedeutendes für dich zu erreichen, was für andere nützlich ist. Setz dir ein Ziel und kämpf dafür. Irgendwann wird es dir gelingen, viele Bäume zu pflanzen, und sie werden anderen Menschen wie dir helfen. Ich werde dir eine Fabel erzählen, und du ziehst Ihre eigenen Schlussfolgerungen daraus. In einem Raum brannten leise vier Kerzen. Es war so still, dass ihre ganze Unterhaltung zusammen mit dem Knistern ihrer Flammen zu hören war:

– Ich bin Frieden. - sagte der erste.

Aber leider wissen die Leute nicht, wie sie mich beschützen sollen. Sie schätzen mich nicht und streben nicht nach mir. Ich glaube, ich habe nichts anderes übrig, als auszugehen. Sobald sie das sagte, ging sie aus.

Die zweite Kerze sagte:

– Ich heiße Vertrauen. Aber ich glaube auch nicht, dass mich jemand braucht. Die Leute wollen nichts von mir hören, also macht es keinen Sinn mehr zu brennen.

Und sie ging aus.

Trauernd sagte die dritte:

– Ich bin die Liebe, aber ich habe keine Kraft mehr zu brennen. Die Leute haben sich von mir entfernt und mich vergessen. Sie können weder Liebe geben noch empfangen.

Und die dritte Kerze ging aus.

In diesem Moment betrat ein Kind den Raum, sah, dass drei der Kerzen ausgegangen waren, und begann zu schreien:

– Aber was macht ihr? Warum leuchtet ihr nicht? Ich habe Angst vor der Dunkelheit! Dann sprach die vierte Kerze, deren Flamme in der Dunkelheit leuchtete, mit leiser, aber selbstbewusster Stimme:

– Hab keine Angst. Weine nicht. Während ich brenne, kannst du die anderen drei Kerzen anzünden. Ich bin Hoffnung. Solange es Hoffnung gibt, wird es immer eine Zukunft geben. Jetzt schlaf und morgen mit Hoffnung auf deine Zukunft weitermachen.

Es gibt nichts Wertvolleres als Gesundheit

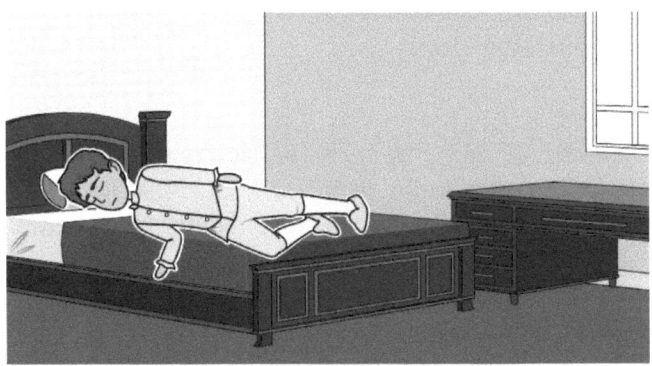

Es war ein wunderbarer Tag. Die Straße näherte sich einem Dorf an einem See. Auf dem Weg dorthin bemerkte Max vier Männer, die eine Tragbahre trugen, er beeilte sich sie einzuholen. Max erreichte einen reichen, aber sehr alten Mann, der auf einer Trage getragen wurde, reich geschmückt, vier starke Männer. Max begrüßte sie und ging neben ihnen her. Ein paar Meter vor ihnen war eine Hütte, von welcher eine laute Stimme kam.
– Ah, wie lange werde ich noch kämpfen? Meine Welt ist schon schwarz! Soll ich mein Leben beenden? Anscheinend hörte der alte Mann die Seufzer und Beschwerden des Jungen und befahl den Dienern, eine Pause zu machen.
Der alte Mann fragte:
– Warum bist du so verzweifelt, warum bist du traurig, kleiner Junge?
– Oh, Sir - antwortete der Befragte - wie man nicht trauert, wie man sich nicht leidtut, wenn ich arm bin.
Was ich nicht zulassen würde, um so reich zu werden wie du.

Ich werde frei Leben. Und jetzt stoße ich den ganzen Tag und zittere nur noch um einen Stück Brot und eine Handvoll Oliven. Ist das Leben?
– Warum bezweifelst du es? - der alte Mann antwortete. Nun, du bist viel reicher als ich.

– Wie werde ich reicher sein als du? - fragte sich der Junge. "Schauen Sie, Herr: meine Handtasche ist immer leer, meine Beine sind mit Müdigkeit verflochten, meine Hände halten nichts, meine Augen sehen immer wie ein hungriger Wolf aus."
– Lass mich deine müden Beine abschneiden und ich werde dir tausend Münzen dafür bezahlen - schlug der alte Mann vor.
– Ha! Der Junge schrie. "Wenn du zehnmal tausend Münzen zählen willst, werde ich sie dir immer noch nicht geben."
– Dann verkaufe mir deine leeren Hände und ich werde dir dafür so viel Gold bezahlen, wie sie wiegen.
– Nein, um mich mit Geld zu überwältigen, gebe ich meine Hände nicht!
– Nun, dann verkaufe mir wenigstens deine hungrigen Augen. Ich werde sie für hundert Säcke Münzen von dir kaufen und dir mein Schloss mit dem Garten geben.
– Was denken Sie, Herr? Soll ich blind werden? Nein, ich gebe nicht meine Augen, nicht für alle Schätze, die Sie in Ihrer Schatzkammer aufbewahren! So antwortete der Junge.
– Na, Junge, sagte der alte Mann. "Siehst du, dass du viel reicher bist als ich?" Du bist jung, stark und gesund - es gibt keinen größeren Reichtum auf der Welt als diesen. Und ich bin alt und krank und wenn ich all meine Schätze gebe, kann ich trotzdem keine Jugend und Gesundheit kaufen. Beschwer dich nicht, ärger nicht die Herren, die dir gegenüber so großzügig sind! Als ich jung war, wollte ich zum Beispiel auch

Reichtümer wie Gold, Eigentum, Macht und ich arbeitete wie ein Ochse, nur um sie zu haben. Ich respektierte alle und achtete daher nicht genug auf Familie, Verwandte und Bekannte und Untergebene. Es ist nicht schlecht, reich zu sein, aber wir müssen auch Zeit haben für geistigen Reichtum, für die kleinen Freuden im Leben, die frei sind, einplanen. Aber das habe ich erst jetzt gemerkt. Vor drei Tagen träumte ich, der Tod würde mich nach Hause bringen und warnte mich, dass ich ein paar Tage Zeit hätte, mich vorzubereiten, und dann würde er mich mitnehmen. Ich machte eine unglaubliche Anstrengung. Ich bot all diesen Reichtum im Austausch für mehr Zeit an, damit ich das Leben noch länger genießen könne, aber er lehnte ab. Jetzt gehe ich zu meinem Lieblingsort der Kindheit, damit ich ihn sehen kann, und dann verlasse ich dieses menschliche Leben. Und was mir klar wurde, junger Mann, ist, dass wir uns Zeit für unsere Lieblingssachen nehmen müssen. Aber wenn uns das Leben verschlingt, vergessen wir sie. Und eines ist klar: Zeit ist einer der wertvollsten Schätze, die wir nicht verschwenden sollten. Verwende deine die du noch hast, für Freuden, für geliebte Menschen, für Arbeit, für Wohlstand, für gute Dinge, die andere Menschen glücklich und sehr wichtig machen würden, wie du dich an Sie erinnerst, aber verschwende deine Zeit nicht. Wirf ein paar Goldmünzen auf den Boden.
– Sie sind für mich nutzlos, sie können dir vielleicht Mut machen. Bleib gesund und auf Wiedersehen.
Die vier Diener gingen weg. Max folgte ihnen.

Wenn du zuversichtlich und beharrlich bist, wirst du dein Ziel erreichen

Max kam in einem Dorf an und sah ein Haus weit weg vom Dorf und suchte Schutz. Dort lebte ein alter Mann und erklärte sich bereit, ihm für die Nacht Schutz zu gewähren. Als er aufwachte, sah er, dass der alte Mann ihm das Frühstück zubereitet hatte, und er saß draußen unter einem Baum und sah das Dorf an. Hinter dem Dorf war ein Berg, der ziemlich steil war. Max frühstückte und setzte sich neben den weißbärtigen alten Mann, um ihm für die Nacht und das Essen zu danken. Davor ließ er als Gegenleistung für seine Gastfreundschaft ein paar Münzen auf dem Bett liegen. Der alte Mann sah Max an und schlug vor, dass er, wenn er wollte, bis Mittag bei ihm bleiben und den mutigeren und stärkeren jungen Männern im Dorf zusehen könnte, wie sie heute versuchen, den Berg zu besteigen. Jedes Jahr an diesem Tag versuchten sie, den Berg zu besteigen, weil dort ein wunderbarer Busch wächst, dessen Blumen heilten. Hergestellt als Kräutertee half das Kraut des Buschs viele Krankheiten zu heilen. Irgendwann läutete eine Glocke und sie sahen Leute aus den Häusern kommen und zum Fuß des Berges gehen.

Das ganze Dorf hatte sich dort versammelt und beobachtet, wie die starken Männer auf den Gipfel des Berges kletterten. Einige von ihnen gaben auf, sobald sie an schwieriges Weggelände kamen, andere kletterten behutsam weiter - Das reicht, du wirst fallen, geh schon runter. Wenig später forderten die Ältesten die Mütter auf, ihre Kinder zu bitten, aufzugeben, weil es gefährlich war. Einige Männer gaben auf, andere machten weiter. Aber die Schreie der Menschen am Fuß wurden lauter und beängstigender. Auf halber Höhe des Aufstiegs blieben nur noch wenige Männer übrig, die weiter bergauf gingen. Aber die Menge unten in einem Chor drängte sie bereits, aufzugeben, weil es unmöglich und gefährlich sei. Und so gaben die Männer nacheinander auf. Nur ein junger Mann kletterte weiter. Als die Leute bemerkten, dass nur ein junger Mann weiter kletterte, beruhigten sie sich, hörten auf zu schreien und gingen nach Hause. Der alte Mann und Max sahen ihn nach oben klettern. Und dann wandte sich der alte Mann an Max und begann mit ihm zu sprechen.

– Das geht schon seit Jahren so. Seit ich in dieses Dorf gezogen bin, um hier zu leben, sehe ich dieses Ereignis jedes Jahr. In den ersten Jahren bewunderte ich sie dafür, dass sie sich bemühten, das zu erreichen, was sie wollten. Aber nach dem zweiten Jahr ging ich um den ganzen Berg herum. Auf der anderen Seite ist es nicht so steil und von dieser Seite aus könnte fast jeder den Gipfel erreichen. Dann besuchte ich das Dorf, das sich auf der anderen Seite des Berges befindet. Mir wurde klar, dass sie jedes Jahr sorgfältig die Blumen von den Büschen sammeln, Tee machen und diesen in anderen Reichen verkaufen. Ich fragte sie:

– Könnten die Menschen aus unserem Dorf auch sammeln, was wir brauchen? Sie sagten mir:

– Kein Problem, achtet nur darauf, dass ihr die Büsche nicht zerstört.

– Das Problem ist, dass der Effekt der wundervollen Blumen
aus den Büschen nur dann wirkt, wenn die Blumen an einem
bestimmten Tag gebrochen werden. Deshalb müssen einige
Menschen aus eurem Dorf kommen und mit uns zusammen
gehen, um so viele Blüten wie möglich zu sammeln, ohne die
Büsche zu zerstören. Das können wir schon im nächsten Jahr
machen... Sobald ich zurückkam, habe ich im Dorf
nachgefragt, warum sie nicht schon versucht hatten, um den
Berg herumzugehen und die Bergspitze von der anderen Seite
des Berges zu erreichen. Ich sagte ihnen, von dort aus
könnten Sie die Spitze leichter erreichen. Die meisten
Antworten lauteten: Uns ist kein solches Dorf bekannt und
wenn es eines gäbe, dann würden wir fünf Tage verlieren, wir
müssten in das andere Dorf gehen und zur gleichen Zeit
sammeln wie die anderen. Aber Leute aus einem anderem
Dorf würden die gesammelten Blumen bestimmt nicht mit
uns teilen. Sie würden Tee machen und die Blumen in fernen
Ländern verkaufen und hätten Ausreden um nicht mit uns zu
teilen. Auf die Frage, warum sie versuchen auf der steileren
Seite zu klettern, antworteten sie: Wir wissen, dass ein Mann
aus unserem Dorf es einmal geschafft hat und wir hoffen,
dass es wieder gelingt, und es ist auch der einfachste Weg.
Der junge Mann, der es geschafft hat ist taub. Letztes Jahr,
nach dem Klettern, kehrte er eine Woche später zurück, aber
er hatte ein paar Flaschen bei sich. Er kann nicht erklären,
dass die anderen Dorfbewohner ihn oben finden, ihn in ihr
Dorf bringen und ihm dann den Weg nach Hause zeigen.
Dieser junge Mann, als er ein Kind war, sah, was diese Leute
jedes Jahr taten, und fühlte, dass das Ziel darin bestand, nach
oben zu klettern, was vor dem Hintergrund der Monotonie im
Dorf vielleicht zu einem Traum wurde. Er hatte ein Motiv im
Kopf, einen Samen gesät, wie er eines Tages wächst und sich
dem Tag des Kletterns anschließt und Erfolg hat.

Wenn er nur daran denkt, hat er sich im Laufe der Jahre Mut und Zuversicht eingeimpft. Seine Fantasie funktionierte, wie er Erfolg haben würde, aber er wusste nicht, was er als nächstes tun sollte, weil er nicht gehört hatte, weil er nicht hören kann. Selbst nach der ersten Rückkehr versuchte niemand aus dem Dorf zu verstehen, wie er zurückgekehrt war und was er gesehen hatte. Die Leute sagen nur: Er ist taub, wir verschwenden unsere Zeit nicht mit ihm. Es gelang ihm, weil er keine drohenden Anrufe hörte, den Pessimismus, den sie predigen, wie Drohungen und Unmöglichkeit. Letztes Jahr, als er nach Hause kam, fing ich an, diesem jungen Mann das Lesen der Lippen der Menschen beizubringen. Ich weiß nicht, wie viel er gelernt hat, aber bis zu einem gewissen Grad konnte er es, er verstand was ich sagte. Ich versuchte ihm zu sagen, er solle eine Tasche holen, bevor er hinaufginge. Wenn er nach oben käme, solle er beobachten, was die anderen Leute im anderen Dorf tun. Wenn sie sammeln, soll er auch sammeln. Wenn Sie gingen, solle er sich den Weg nach unten merken und wie sie den Tee herstellen. Er sollte dort auch Tee herstellen und lebend und gesund in unser Dorf zurückkehren. Wenn er nach Hause kommt, helfe ich ihm, die Flaschen mit Elixier zu verkaufen. Genauer gesagt werde ich ihm helfen, das Verkaufen zu lernen. Und auf diese Weise alleine im Leben zurechtzukommen und nicht der Bettler des Dorfes zu sein. Und dann werde ich ihm sagen, er soll nicht klettern, sondern in das andere Dorf gehen und von dort aus pflücken und alles andere, was er weiß. Wenn er hartnäckig ist und die gute Angewohnheit auf sichere Weise versteht, wird er mit seiner Tätigkeit respektiert und geschätzt. Ich hoffe, dass er nächste Woche kommt und ich ihm weiterhin die Sprache des Gesichts und des Körpers beibringe.
– Ich sehe, dass du schreiben kannst, nur wenige Menschen auf dieser Welt können schreiben oder du kommst aus dem

Großen Königreich, wo jeder schreiben kann.

– Sie haben Recht, ich komme aus dem Großen Königreich, aber ist es wahr, dass nur wenige Leute schreiben können?

– Soweit ich weiß, gibt es in jedem Königreich paar Menschen, die schreiben.

– Wie ist es möglich, bringen sie ihren Kindern keine Lese- und Schreibkenntnisse bei?

– In den meisten Königreichen ist dies ein Verbrechen, da Könige keine klugen Leute brauchen, die ihren Thron bedrohen.

– Aber bis jetzt habe ich viele Königreiche bereist und, ich habe viel Armut und Elend gesehen. In jedem Königreich gibt es eine Handvoll reicher Leute, und der Rest ist sehr, sehr arm. Wie wollen sie ihr Leben verbessern?

– Das ist das Problem: Sie wollen nicht besser werden, sie wollen arm sein, sie sind einfach zu handhaben und leichter zu kontrollieren. An manchen Tagen verteilen sie Brot und das war's.

– Aber die Könige selbst verlieren, weil die Bevölkerung arm ist, und erhalten weniger Steuern, weil sie nichts zu einzunehmen haben.

– Es ist wahr, aber für sie ist das luxuriöseste immer auf dem Tisch und das befriedigt sie. Sie selbst haben keine Ruhe und halten deshalb ihre Untertanen arm. Sie schmeicheln ihren Kaufleuten, sie versorgen sie mit reichlich Essen. Die Kaufleute hingegen machen sich nur Sorgen darüber, wie viele Münzen sie verdienen und verstecken sich hinter der Macht des Königs.

– Aber dies ist ein Teufelskreis, der eines Tages die Menschheit vervollständigen wird und es keine Zukunft mit Elend und Krankheiten geben wird.

– Das stimmt, Junge, aber das ist jetzt die Realität.

Max stand auf und warf die Tasche über die Schulter.

– Vielen Dank für die Gastfreundschaft und Unterhaltung und bleiben Sie gesund.

– Ich wünsche Ihnen Gesundheit und eine erfolgreiche Reise.

Gott gibt, aber wir müssen uns bemühen, es zu nehmen

Als Max an einem Apfelgarten vorbeikam, sah er einen zehnjährigen Jungen weinend sitzen und ging zu ihm und fragte ihn:

– Hallo Junge, was ist passiert, warum weinst du?

Und der Junge antwortete ihm mit folgenden Worten: Hallo, mein Vater sagt immer, wenn ich etwas sehr wolle, sollte ich zehnmal zu Gott beten und es wird passieren. Jeden Tag bete ich darum, reich zu werden, damit ich wie die reichen Kinder die besten Pferde und das beste Haus haben kann. Heute habe ich gebetet, mindestens den besten Apfel von der Spitze des Baumes zu essen, aber etwas funktioniert nicht, noch nicht mal ein Apfel fällt durch mein Gebet. Anscheinend liebt Gott mich nicht. Max nahm schweigend eine Münze aus der Tasche und hob einen Stein vom Boden auf. Er hielt die Münze in einer Hand und den Stein in der anderen.
– Sag mir, welches wählst du? Fragte Max.
– Die Münze. - sagte der Junge.
– Bitte Gott jetzt zehnmal, dass du die Münze willst. - sagte Max.
– Gott, bitte, ich will die Münze. - wiederholte er zehnmal.

– Siehst du? - sagte Max dann.

– Selbst wenn du tausende Male am Tag wiederholst, dass du die Münze ausgewählt hast, gehört sie nicht dir. Du musst deine Hand ausstrecken und die Münze nehmen. Nur Worte reichen nicht aus, es müssen Taten ergriffen werden. Strecke deine Hand jetzt und nimm die die Münze. Der Junge streckte die Hand aus und nahm die Münze.

– Siehst du, es ist schon deine. Wenn du den besten Apfel willst, überleg wie du auf die Spitze des Baumes klettern könntest. Wenn sie schwierig zu erreichen ist, such du nach einem langen Stock, mit dem du den Apfel herunterschlagen könntest. Denk jedoch zuerst nach und handle dann nach deinen Wünschen. Wenn du es heute noch nicht schaffst, wirst du morgen sicher Erfolg haben. Du wirst es irgendwie schaffen. Deshalb werde ich dir den Apfel nicht herunterschlagen. Du musst selbst einen Weg finden. Es ist nicht beleidigend, um Hilfe zu bitten. Manchmal brauchen wir Hilfe, aber vergiss nicht, dich dafür zu bedanken. Manchmal müssen wir Risiken eingehen, um erfolgreich zu sein. Wenn wir kein Risiko eingehen, haben wir keine Chance, erfolgreich zu sein. Es ist eine Sache zu wollen, es ist eine andere, sie zu erreichen. Um ein Ziel zu erreichen, ist es wichtig, sich vorzubereiten. Was bedeutet es, sich vorzubereiten? Mit den Worten, die wir zum Schöpfer beten, dass wir etwas wollen, lenken wir unsere Aufmerksamkeit und Konzentration auf diese wichtige Frage für uns. Damit das, was wir wollen, passiert, müssen wir uns gut vorbereiten. Wie man zum Beispiel Informationen darüber sammelt, wie man unseren Wunsch verwirklicht. Wenn du richtig motiviert bist und deine Absichten klar und vorbereitet sind, gelingt das Erreichen der Ziele viel schneller. Ob du einen Apfel essen willst oder ein schönes Haus haben möchtest. Es ist alles eine Frage des Charakters. Die Gewohnheiten, die du jetzt aufbaust, werden dich ein Leben lang begleiten. Dein Vater hat dir zu Recht gesagt, du sollst zehnmal beten, er hat erwartet, dass du selbst etwas tust, um deinen Wunsch zu erfüllen. Je mehr Informationen du hast, desto kürzer wird der Weg, den du gehst. Je mehr Anstrengungen du körperlich oder geistig unternimmst, desto eher erreichst du dein Ziel. Es gibt Zeiten, in denen man denkt, dass dies das Ende ist und es unmöglich sei, das Ziel zu erreichen. Wenn du hart arbeitest und deine Energie richtig lenkst, verschwindet plötzlich der Nebel, die Hindernisse verschwinden nacheinander und das Ziel ist erreicht. Wenn du vorbereitet bist, ist es einfacher, das Ziel zu erreichen. Viel Glück und ich wünsche dir alles Gute. Bleib gesund. Max ging auf die Straße, und das Kind blieb und starrte auf die Münze in seiner Hand.

Die schwierigsten Worte auszusprechen sind
"Danke" und "Entschuldigung"

Max kam als nächstes an einen besiedelten Ort, an dem er den Eindruck bekam, dass es aufgeräumter und sauberer sei. Er fragte den ersten Mann, den er traf, wo er die Nacht verbringen könnte, und dieser antwortete, dass ihn jeder beschützen würde, aber es sei besser, zum reichsten Haus zu gehen.

Als er ging, bemerkte er ein Haus, das größer war als die anderen. Er klopfte und fragte:

– Hallo, kann ich gegen eine Gebühr ein Zimmer und Essen bekommen? - fragte Max.

– Willkommen, natürlich geben wir Ihnen Unterkunft und Essen. - sagte die Gastgeberin.

Sie führte ihn in ein Zimmer am Ende des Flurs. Es war ein sauberes und ordentliches Zimmer. Max stellte seine Tasche ab, ruhte sich zehn Minuten im Bett aus und ging zum Abendessen zu den Gastgebern. Als er den Raum betrat, bemerkte er, dass alles sauber und ordentlich war, aber es gab eine Tür, die voller Nagellöcher war und wie ein großes Bild an der Wand hing.

Er setzte sich an den Tisch und seine Gastgeberin stellte Geschirr ab, und so begannen sie, selbst darauf zu speisen. Sie aßen schweigend, aber oft wanderte Max' Blick zu der Tür, die an der Wand hing. Nachdem das Abendessen vorbei war, putzte die Gastgeberin den Tisch, füllte zwei Kannen mit Scharbat und stellte sie auf den Tisch, einen vor Max, den anderen vor ihrem Ehemann, wünschte ihnen einen angenehmen Abend und zog sich in ihre Zimmer zurück.

– Sag mir, Junge, wie heißt du, woher kommst du, wohin gehst du, fragte der Gastgeber.

– Mein Name ist Max, ich reise für kurze Zeit durch die Königreiche und schreibe die Geschichten auf, die ich gesehen habe, oder Augenzeugen erzählen mir interessante Geschichten - antwortete Max.

– Mir ist aufgefallen, dass du oft auf die Tür schaust, die an der Wand hängt. Glaubst du, dass sie eine Geschichte hat, fragte der Gastgeber...

– Gemessen an der Atmosphäre und Anordnung des Raumes ist sie anders und ich denke, sie ist sehr wertvoll für Sie. Es erinnert sie wohl an etwas Wichtiges. - sagte Max.

– Ich stimme dir vollkommen zu, Max, sie ist da, um mir einen Rückblick auf mein Leben zu geben und ich freue mich, diese Erinnerungen zu teilen, wenn jemand zu mir nach Hause kommt. Ich war jung. Ich hatte einen schlechten nicht auszuhaltenden Charakter. Ich bin ständig in Konflikte mit Menschen geraten, ich habe sie oft beleidigt und war unhöflich. Eines Tages gab mir mein Vater eine Tasche voller Nägel und sagte mir:

– Ich möchte dich um etwas bitten mein Sohn. Jedes Mal, wenn du dich mit jemandem streitest oder jemanden unhöflich behandelst, schlag einen Nagel in die Tür. Am ersten

Tag schlag ich zwanzig Nägel in die Tür. Am zweiten Tag zweiundzwanzig Nägel. In den folgenden Tagen begann ich über jeden Fall nachzudenken, für den ich einen Nagel einschlagen musste, und allmählich begann ich, meine Reizbarkeit zu kontrollieren. Also reduzierte ich nach und nach die Nägel, die in die Tür geschlagen wurden. Bis der Tag kam, an dem ich keinen einzigen Nagel brauchte Dann ging ich zu meinem Vater und erzählte ihm stolz von meiner Leistung und der Veränderung, die mir widerfuhr, und er sagte mir:
– Alles klar, mein Junge. Und jetzt möchte ich, dass du etwas anderes machst. Jedes Mal, wenn du es schaffst, deinen Charakter zu kontrollieren, wenn du jemandem ein freundliches Wort sagst oder dich für deine frühere Unhöflichkeit entschuldigst, nimmst du einen der geschlagenen Nägel heraus. So habe ich das auch gemacht. Ich fing an, die Nägel nacheinander aus der Tür zu nehmen, bis der Tag kam, an dem keine mehr übrig waren. Ich beeilte mich sofort, meinem Vater zu erzählen, dass es mir gelungen war. Dann führte mich mein Vater zur Tür und sagte:
– Sohn, du hast großartige Arbeit mit den Aufgaben geleistet, die ich dir gestellt habe. Er wurde ein zurückhaltender und guter Mensch. Aber jetzt schau es dir an, wie viele Löcher noch in der Tür sind und denk, es wird nie mehr so sein wie zuvor.
– Wenn du dich mit jemandem streitest und ihn beleidigst oder unhöflich zu jemandem bist, fügst du ihm eine Wunde zu, da du den Baum an dieser Tür immer mit dem Nagel verletzt, den du reinschlägst. Und selbst dann, wenn du dich entschuldigst und um Vergebung bittest, egal wie viel Zeit vergangen ist, es bleibt immer eine Narbe von dieser Wunde zurück

– Denk daran, dass du mit Worten einer Person eine schwerere Wunde zufügen kannst, als mit einem Messer. Und selbst wenn diese Wunde heilt, bleibt immer eine Narbe.

– Und dann wurde mir klar, dass die Menschen sich nur schlecht an mich erinnern würden, also musste ich es so machen, dass sie sich nur im Guten an mich erinnern würden.

– Ich fing an, im Gasthaus meines Vaters mitzuhelfen. Er bezahlte mich für meinen Fleiß. Ich fing an, Geld zu sparen, ohne es zu verschwenden. Wenn ich hörte, dass jemand im Dorf Hilfe brauchte, war ich der erste, der ihn sah. Um jemandem zu helfen, einen Weinberg zu graben, damit jemand von den Feldern ernten kann. Dem Töpfer Ton bringen, einem einsamen Mann Holz hacken. Und am interessantesten war, dass ich, als ich half, von allen etwas Nützliches gelernt habe. In jeder Seele ist etwas, das ein Körnchen Hoffnung, Glauben oder Liebe gibt, ob arm oder reich, schlecht oder gut. Nach ein paar Jahren war ich für viele ein Vorbild und sehr respektiert. Meine Einstellung änderte sich und ich fühlte mich nützlich und glücklich, eine weitere Freude gemacht zu haben. Ich gratulierte allen, die ich getroffen habe. Ich blieb neben jedem Handwerker stehen und als ich von der Seite sah, was er tat, sah ich, wie er es verbessern oder vereinfachen konnte, und ich sagte ihm, er solle es versuchen. In vielen Fällen habe ich sogar Geld geliehen, aber ich weiß nicht, ob Gott oder das Schicksal mich reicher und glücklicher gemacht haben. Ich half vielen Handwerkern, die Produktion ihrer Waren zu steigern und mehr an andere Dörfer zu verkaufen. Irgendwann half ich den Menschen aus den Nachbardörfern. Sogar einige Dörfer insgesamt haben wir einen Handelsvertreter in der Freizone des Vereinigten Königreichs. Wir halten ein paar Zähler und verdienen genug Geld, davon haben wir einen Teil für die

Ärmsten in diesen Dörfern reserviert. Aus dem, was ich bisher erlebt habe, habe ich gelernt, dass eine Person ihre eigene Wahl trifft und dies jederzeit ändern kann, indem sie ein neues Ziel wählt. Wenn du dich für etwas Neues entscheidest, ist es gar nicht so einfach, aber mein Ziel war es, nur mit Freundlichkeit in Erinnerung zu bleiben, die ich tue, und das erfordert viel Ausdauer. Ich habe die Leute dazu gebracht, mich zu respektieren und zu lieben, aber zuerst habe ich ihnen von mir gegeben. Wenn du etwas bekommen möchtest, musst du auch etwas von dir selbst geben. Die schwierigsten Worte, die man aus dem Herzen sagen kann, sind Danke und Entschuldigung, aber wenn sie zur Gewohnheit werden, wird das Leben ruhiger und harmonischer. Vielen Dank, dass du mein Gast bist, schlaf gut und dann sehen wir uns morgen zum Frühstück und dann wirst du auch Essen für die Reise bekommen. Er dankte auch Max für seine Gastfreundschaft und ging ins Bett.

Es ist schwer, einen wahren Freund zu gewinnen, es ist leicht einen Freund zu verlieren

Max kam im nächsten Königreich an und blieb im nächstgelegenen Dorf zum Schloss in einem Haus, in dem ein Weiser lebte. Am Abend unterhielt ihn der Gastgeber und zeigte ihm das Bett, in welchem er schlafen sollte. Als er morgens aufwachte, sah Max, dass es Frühstück gab, und nachdem er sich gewaschen hatte, setzte er sich zum Essen. Der alte Mann saß vor seinem Haus und sah zu, wie die Sonne am Horizont schien. Max hatte gerade das Frühstück beendet und setzte sich neben den alten Mann, um ihm zu danken damit er seine Reise fortsetzen konnte. In der Zwischenzeit kam ein junger Mann zu dem alten Mann und stellte ihm folgende interessante Frage:
– Ich möchte wissen, wie viele Freunde eine Person haben sollte. Ich habe viel über das Sprichwort nachgedacht: „Du solltest lieber hundert Freunde statt hundert Münzen haben." Das stimmt bis zu einem gewissen Punkt, aber ich denke, wenn wir versuchen, so viele Freunde wie möglich zu finden, könnten wir unaufrichtig werden und uns in einen Menschen mit falschen Gefühlen verwandeln. Noch mehr wird die Freundschaft im Laufe der Jahre auf die Probe gestellt. Sobald du jemanden triffst, ist es sehr schwierig zu verstehen, was eine Person wirklich ist und wo du Kraft und Zeit für hundert Freunde findest.

– Ich kann dir antworten. - sagte der Weise. - vielmehr werde ich dir helfen, die Antwort selbst zu verstehen. Siehst du diesen riesigen Apfelbaum im Hof? Ich möchte dich bitten, mir einen Apfel von der Spitze zu bringen. Der Mann guckte nach oben, kniff die Augen zur Sonne zusammen und fragte.

– Aber wie mache ich das? Der Apfel ist eigentlich zu hoch.

– Bitte deinen Freund, dir zu helfen. Vielleicht schafft ihr es gemeinsam, den höchsten Ast des Baumes zu erreichen - sagte der alte Mann.

So machte es der Mann. Er ging und brachte einen Freund von ihm mit, kletterte auf seine Schultern, aber selbst das half ihm nicht, auf den Baum zu klettern.

– Es geht nicht … - sagte er traurig.

– Hast du keine Freunde mehr? Der Weise fragte mit einem Lächeln. Dann brachte der Mann noch ein paar Freunde und Bekannte zum Baum und sie begannen aufeinander zu klettern, um die Spitze des Baumes zu erreichen, aber am Ende fielen sie, standen auf und fingen von vorne an, und so scheiterten sie. Nach mehreren Versuchen gingen alle seine Freunde und verließen ihn, nur einer stand auf dem Boden und schwieg. Da rief der Weise den jungen Mann und sprach zu ihm:

– Weißt du jetzt, wie viele Freunde ein Mensch in seinem Leben haben sollte?

– Ja, Lehrer, danke. Ich habe alles verstanden. Wir brauchen viele Freunde … so viele wie möglich, damit wir jedes Problem gemeinsam lösen können. Der weise Lehrer schüttelte traurig den Kopf und antwortete:

– Wahrscheinlich … es ist schön, viele Freunde zu haben. Aber vielleicht ist es wichtiger, ein oder zwei kluge Freunde zu haben, die wissen, wie man ein Problem löst. Denk zum Beispiel an einen deiner Freunde, der die Leiter bringt.

Folgendes unterscheidet einen wahren Freund von einem unaufrichtigen Freund: Du solltest mindestens einen besten Freund, zwei oder drei gute Freunde und so viele Freunde haben, wie du möchtest. Ein guter Freund, von dem man neue Dinge im Leben lernen kann, um vorwärts zu kommen, kann älter sein als du, selbst ein Elternteil, ein Verwandter oder ein Handwerker. Ein guter Freund, der dir zuhört, ohne dich zu unterbrechen und dich für deine Gefühle und Emotionen zu schelten. Ein guter Freund, der dich ermutigt, dein Glück und deine Ziele zu verfolgen, einer, der dich unabhängig von den Umständen in schwierigen Zeiten nicht verlässt, wird dich unterstützen, weil er an dich glaubt und wirklich möchte, dass du Erfolg hast. Ein wahrer Freund würde dich einfach suchen, weil er dich vermisst. Der Unaufrichtige würde dich nur suchen, wenn er deine Hilfe braucht. Ein wahrer Freund weiß, wie wichtig es ist, von Zeit zu Zeit allein zu sein. Der Unaufrichtige versucht, sich die meiste Zeit zu engagieren. Ein wahrer Freund würde dich gerne einladen, deinen Erfolg zu feiern. Ein wahrer Freund ist einfühlsam. Ein wahrer Freund weiß, dass jeder verschiedene Arten von Freunden hat und würde dich nicht dafür beurteilen. Der Unaufrichtige mag den Rest deiner Freunde nicht. Ein wahrer Freund akzeptiert dich so wie du bist. Der Unaufrichtige versucht dich zu kontrollieren und zu verändern. Ein wahrer Freund respektiert sich selbst und dich. Ein bester Freund ist einer, der dich so behandelt, wie ich dir bisher gesagt habe. Aber nicht nur er zu dir, sondern du zu ihm. Du kannst dich immer auf ihn verlassen und umgekehrt, und er auf dich. Jetzt entscheidest du, wie du deine Freunde auswählen möchtest. Der junge Mann starrte erstaunt und schwieg.

– Ich verstehe jetzt nach deinen Worten wirklich, wie viele und welche Art von Freunden ich haben soll. Vielen Dank für die Lektion, die du mir gegeben hast, ich werde mich daran erinnern.

Max schaffte es, alles aufzuschreiben, was passiert war.

– Vielen Dank, für Ihre Gastfreundschaft Weiser Mann. Bleiben Sie gesund. Und er machte sich auf den Weg.

Was wir sagen oder tun,
ist das Ergebnis unserer Gedanken

Max ging den Weg zur Spitze des Berges auf. Er hatte fast die Spitze erreicht und musste schauen, wohin er ging, als eine Frau mit zwei Kindern erschien.
– Hallo, ich klettere nach oben, um zu sehen, ob es in der Nähe einen Ort gibt, in dem ich übernachten kann.

– Hallo, junger Mann, es gibt einen Ort ich werde dich dahin bringen, aber zuerst müssen wir die Spitze erreichen, damit ich meinen Kindern eine Lektion erteilen kann. - sagte die Frau.
– Es ist Zeit die Kinder, die wichtigste Lektion des Lebens zu lernen, denn manchmal streiten und beleidigen sie sich. Ihr Vater versucht ihnen alles zu geben, was er weiß, aber heute ist er immer noch beschäftigt, weil er jeden Tag in den Wald geht, um Holz zu fällen und es dann zu verkaufen, damit wir unseren Lebensunterhalt verdienen können. Aber jetzt denke ich, ist die Zeit für eine wichtige Lektion über die Regeln des Lebens gekommen, was und wie zu tun ist. Sie waren bereits oben. Von oben zeigte sich eine schöne Aussicht. Max und die Kinder standen voller Ehrfurcht da. Es war so, als ob die Zeit stehen geblieben wäre. Die Jungen redeten immer wieder darüber, wie schön alles ist, wie klein ihr Dorf aussieht, wie nah der Himmel aussieht ... Die Mutter wartete darauf, dass

sie die Bewunderung beenden und sagte zu ihnen mit einem Lächeln:

– Das stimmt, Kinder, und jetzt möchte ich, dass ihr etwas tut. Atmet tief ein und ruft mit aller Kraft: Ich hasseeeee diiiich! Die Kinder sahen sich überrascht an und sahen dann ihre Mutter an, aber sie lud sie mit einem Blick dazu ein.

– Ich hasseeeee diiiich! Die Jungen schrien gleichzeitig.

– Ich hasseeee diiiich! Ich hasseeee diiiich! Ich hasseeee diiiich! - antwortete das Echo zurück.

–Und jetzt möchte ich, dass ihr: Ich liebe dich! Schreit - sagte die Mutter.

Die Kinder taten es und das Echo antwortete:

– ICH LIEBEEEE DIIIICH! ICH LIEBEEEE DIIIICH! ICH LIEBE DIIIICH! Die Mutter näherte sich ihren Kindern und umarmte sie über ihre Schultern. Nun, Kinder, habt ihr eine der Lebensregeln gelernt: Sie erhalten oft nur das, was Sie geben. Wenn Sie die Welt mit Wut und Hass betrachten, werden Sie Wut und Hass empfangen. Wenn Sie die Welt mit Liebe betrachten, erhalten Sie Liebe und Unterstützung. Erinnert euch an diese Wahrheit, Kinder, und lebt, wie ihr wollt, aber mit Liebe ist es besser. Jeder von uns kämpft mit sich selbst. Der Engel und der Teufel kämpfen in unserer Seele. Der Teufel ist böse - er ist Wut, Neid, Unzufriedenheit, Verleugnung, Gier, Arroganz, Selbstmitleid, Minderwertigkeits- oder Überlegenheitsgefühle, Lügen, falscher Stolz, Selbstsucht, Faulheit und alle Eigenschaften des Menschen gegen den Menschen.

Der Engel ist gut - er ist Freude, Frieden, Liebe, Hoffnung, Gelassenheit, Bescheidenheit, Freundlichkeit, Wohlwollen, Gegenseitigkeit, Großzügigkeit, Aufrichtigkeit, Mitgefühl, Glaube und alle Eigenschaften einer Person, um einer Person zu helfen.

Die Kinder dachten einen Moment nach und fragten dann ihre Mutter:

– Und wer gewinnt - der Engel oder der Teufel?

– Die, die du ständig fütterst. Wenn Sie ständig schlechte Worte verwenden und Ihre Gedanken mit den Eigenschaften des Teufels übereinstimmen, werden Ihre Handlungen zu solchen und die Menschen werden Sie in einer solchen Essenz sehen, aber wenn Sie nur schöne Worte verwenden, stimmen Ihre Gedanken natürlich von Herzen überein. Mit den Eigenschaften eines Engels hoffe ich, dass Ihre Handlungen Ihnen und allen anderen Menschen zugutekommen. Sie werden immer nett und lächelnd sein, die Leute werden Sie respektieren und schätzen, und jetzt gehen wir zurück. Sie gingen ins Dorf, als sie ankamen, lud sie Max ein, die Nacht bei ihnen zu verbringen, und sie konnte ihren Weg morgen fortsetzen. Max nahm die Einladung gerne an. Vor dem Schlafengehen ist der Vater der Kinder angekommen, mit dem sie auch sprachen. Bevor er einschlief, schrieb er den heutigen Vorfall auf und schlief friedlich ein. Am Morgen ging er zufrieden und ließ drei Münzen unter dem Bett der Gastgeberin.

Vergeben heißt sich von der geistigen Belastung zu befreien

Max näherte sich einer Burg im nächsten Königreich an deren Wänden ein hübsches kleines Haus gebaut wurde und er ging dorthin. Als er ankam, sah er eine alte Frau wie sie um das Haus herum putzte.
– Willkommen, Junge. - begrüßte ihn die alte Frau.
– Willkommen. - sagte Max.
– Woher kommst du und wohin gehst du, fragte die alte Frau.
– Ich reise durch die Länder der Königreiche und heute befinde ich mich hier. Ich muss Schutz für den Abend suchen und Essen finden, um mich für die nächsten Tage einzudecken.
– Wir bieten dir Schutz, und du kannst an den Ständen etwas weiter Lebensmittel für die Reise kaufen. Komm schon, setz dich und ruhe dich aus. Mein Mann wird bald kommen.
– Was macht Ihr Mann? Sie haben ein Haus an den Mauern des Königs. Ich glaube, niemand kann sich diese Gelegenheit leisten.
– Du hast recht, mein Junge. Mein Mann ist sehr fair und Weise, die Leute suchen ständig nach ihm, um ihre Probleme zu lösen, aber seit er berühmt geworden ist, hat der König uns

befohlen, hierher zu kommen, damit er jemanden außer den Ratsmitgliedern hat, den er konsultieren kann...
Er wird in Kürze zu Hause sein. Als er seine Notizen beendet hatte, bemerkte Max nicht, dass der alte Mann nach Hause inzwischen gekommen war.
– Willkommen, junger Mann, willkommen zum Abendessen, welches meine gute Frau gemacht hat.
– Willkommen, Ihre gute Frau hat mich eingeladen, die Nacht bei Ihnen zu verbringen. Ich hoffe, es macht Ihnen auch nichts aus. Morgen werde ich meinen Weg fortsetzen.
– Nein, es macht mir nichts aus, komm und setz dich zu uns.
Max setzte sich zu ihnen und sie aßen zu Abend. Während des Essens bemerkten sie einen eiligen Mann, der sich ihrem Haus näherte. Als er ankam, begrüßte er sie und fragte den alten Mann.
– Weiser Tobias, hilf mir, ich kann nicht mehr so leiden.
– Willkommen, iss erst etwas und dann reden wir. Er lehnte mit den Worten ab:
– Vergib mir, aber ich esse und trinke nicht, meine Seele kann keinen Frieden finden. Der alte Mann hatte bereits gegessen, Hände und Mund mit einem Handtuch gereinigt. Die Frau drehte sich zu dem Mann um, sah ihn an und lud ihn ein, ihnen seinen Schmerz mitzuteilen, gebot ihm aber langsam zu sprechen.
– Vor einem Monat stritten sich mein Kind und das Kind meines besten Freundes beim Spielen. Ich kam zufällig vorbei und sah mein Kind weinen und das andere Kind lachen.
Ich fühlte einen plötzlichen Zorn. Ohne zu fragen, was passiert war und ohne nachzudenken, ging ich zum Haus meines Freundes, betrat es ohne seine Erlaubnis und schlug ihn. Dann ging ich wieder zurück. In den ersten Stunden war ich stolz auf mich selbst, dann begannen meine Qualen. Was auch immer ich tat, der Gedanke an meine Handlung ließ mich nicht los.

Ich kann meine Seele seit einem Monat nicht mehr beruhigen. Egal was ich mache, alles läuft schief und ich bemerkt, dass die Kinder, die sich gestritten hatten, immer noch zusammenspielen. Ich habe keinen Freund mehr, dem ich meinen Kummer über mein Leiden mitteilen kann. Bitte hilf mir. Der Weise schwieg ungefähr eine Minute und sagte:
– Siehst du diesen Stein unter dem Baum, ich möchte, dass du ihn in deine Hände nimmst, ihn so weit wie möglich trägst, mit ihm zum Brunnen und dann zum Baum, dann zum Fluss usw. gehst und wenn es unmöglich wird, ihn zu tragen, komm zu mir. In seiner Verzweiflung ging der Mann sofort los, nahm den Stein, der wirklich schwer und unbequem aussah und eilte damit zum Brunnen. Der alte Mann fragte unterdessen Max:
– Rate mal, wie lange es dauern wird, bis der Mann es leid ist, den Stein zu tragen. Max, der den Mann vom Baum zum Fluss laufen sah und bemerkte, dass er bereits langsamer wurde, sagte:
– Maximal eine Stunde. Tobias sah ihn an und sagte:
– Noch früher. Während Max und der alte Mann sich unterhielten, kam der Mann weniger als eine halbe Stunde später und warf den Stein auf den Boden und sprach kaum vor Müdigkeit:
– Wenn ich ihn weiterhin so oft trage, brechen meine Arme oder meine Beine hängen durch und ich kann vor Müdigkeit in Ohnmacht fallen und sterben.
– Du hast selbst den Stein losgelassen, ich habe dir nicht gesagt, dass du ihn auf den Boden werfen sollst. Du kannst dich auch von deinen Qualen befreien. Bitte deinen Freund um Vergebung dafür, dass du ihn geschlagen hast. Du weißt sogar, wofür du ihn geschlagen hast, aber weiß er überhaupt, warum du ihn geschlagen hast? Er könnte sogar noch mehr leiden und nach einer Antwort für suchen, was passiert ist.

Seine Last in seiner Seele kann größer sein als deine. Der einzige Weg ist, zu ihm zu gehen, sich bei ihm zu entschuldigen und um Vergebung zu bitten. Zumindest, wenn du dich bei ihm entschuldigst, wird deine Last geringer werden, aber wenn er dir vergibt, wirst du sowohl seine als auch deine Last von deiner Seele werfen, so wie du den Stein von deinen Händen geworfen hast. Durch Vergebung wirst du die schmerzhafte Vergangenheit los, du wirst deinen inneren Widersprüchen ein Ende setzen. Wetten, du wirst von dem Kampf befreit, den du mit dir selbst führst, du wirst den Zorn, den Hass und die Schuld in dir nicht halten. Wenn du wirklich von Herzen vergibst, wirst du es bald vergessen. Wenn du stark bist, bitte um Vergebung. Wenn er auch stark ist, wird er dir vergeben. Vergebung ist für dich der Weg zu Freundschaft und Verständnis. Nur mit meinem Rat kann ich dir helfen, den Rest musst du selbst erledigen.
– Danke, weiser Tobias, ich gehe jetzt zu ihm.
Ohne auf eine Antwort zu warten, um sich zu verabschieden, rannte er ins Dorf. Tobias wandte sich an Max und sagte:
– Wir Menschen sind nicht ohne Sünde. Manchmal herrschen Wut und Hass vor, dann tun wir gerne weh, es liegt in unserer Natur. Anstatt einen Moment darüber nachzudenken, uns an die Stelle der anderen Partei zu setzen und zu versuchen, unseren Handlungen mit nüchternem Verstand zu begegnen, herrschen in uns Selbstsucht und Wut und dies bringt uns nur Unglück. Jetzt lass uns zu Bett gehen, denn ich muss morgen in ein Dorf gehen, wo ich mich verpflichtet habe, einen Streit beizulegen. Gute Nacht.
Max wünschte ihm auch eine gute Nacht, schrieb die Geschichte, die er heute erlebte und ging ins Bett.

Freude ist eine Inspiration für Optimismus und Energie

Als sie morgens aufwachten, musste der alte Tobias musste ins nächste Dorf.
– Können wir zusammen dahinfahren, dann werde ich wieder aufbrechen - fragte Max ihn.
– Natürlich! - antwortete Tobias.
Der Weise und Max gingen auf ihrem Weg, redeten und bewunderten die Natur. Später gingen sie an einem Feld entlang, auf dem ein Bauer arbeitete. Der Mann arbeitete hart, Schweiß rann ihm über die Stirn und er stöhnte vor Müdigkeit. In seiner Nähe stand ein Baum. Der Weise Tobias ging zum Baum, lud Max ein, ihm zu folgen, blieb darunter stehen und sprach mit dem pflügenden Bauern...
– Hey Mann, lass uns im Schatten sitzen und reden. Lass uns etwas ausruhen.
– Ich kann nicht, ich muss arbeiten. Ich habe noch so viel zu tun.
– Warum arbeitest du so hart? fragte Tobias.
Hören Sie von Zeit zu Zeit auf, sich auszuruhen. Schau wie schön der Tag ist!
– Ich kann nicht. Ich habe keine Zeit, den Tag oder das Leben zu genießen. - antwortete der Mann düster.
– Aber warum verurteilst du dich zu all dem? - fragte ihn Tobias.

– Du vermisst also das Vergnügen der Aussicht, die Zeit und das Bedürfnis, sich auszuruhen.

– Ich habe keine Zeit für diese Launen! Ich muss arbeiten und leiden, um das Glück meiner Kinder und Enkelkinder zu gewährleisten. Mein Großvater tat dasselbe für meinen Vater, und mein Vater litt für mich.
– Und war jemand in deiner Familie glücklich? - der Weise war neugierig.
– Noch nicht, aber meine Kinder und Enkelkinder werden es sicherlich sein! Rief der Mann aus und nahm seine Arbeit wieder auf.
– Schau mein Freund ... Lass mich dir einen Rat geben. Wie kann der Blinde uns das Sehen beibringen? Wie werden uns die Gehörlosen das Hören beibringen? Wie werden uns die Stummen das Sprechen beibringen? Wie werden uns die Unwissenden etwas lehren? Du sagst, dass deine Großväter gearbeitet und gelitten haben. Dasselbe gilt für dich. Lerne zuerst die Freuden des Lebens. Zu lachen, sich in der Sonne zu freuen, wenn sie aufgeht, scheint oder untergeht, in der Brise, im Regen, der uns Hoffnung bringt, in dem Land, das so schön ist und uns alles gibt. Zu allem, was uns umgibt und vom Schöpfer erschaffen wird. Du bist im Herzen traurig. Wenn du in deiner Seele traurig bist, dann ist dein Geist düster. Wenn dein Geist düster ist, ist dein Körper nicht so gesund. Und so ist deine Familie nicht glücklich. Lerne zunächst, unsere Geschenke zu genießen, die wir ohne Geld machen können. Wenn du mehr Freude haben, Sie geben Ihnen die Kraft, alles viel einfacher zu überwinden. Dann gibt es mehr Ideen, zum Beispiel, was du in diesem Jahr säen oder in zwei Ebenen teilen und zwei Ernten säen soll. Du musst zuerst glücklich sein, damit du deinen Kindern dies beibringen kannst.

Nur mit Freude gibt es Glück. Wenn du am Tag fünf Minuten lang lächelst, wirst du glücklich, aber auch froh. Ich wünsche dir von Herzen Gesundheit und Glück. Der Pflüger hatte angehalten und wusste nicht, was er tun sollte. Max und der Weise gingen.

– Die meisten Menschen vermeiden es, die kleinen Freuden zu genießen, die sie dazu inspirieren können, besser zu leben. Sie suchen etwas und sehen doch nicht, dass es vor Ihnen liegt.

Du hilfst nicht nur jemand anderem, du hilfst dir auch selbst

Sie kamen im Dorf an, wo sie den Weisen Tobias erwarteten. Max schloss sich der Menge ebenfalls an. Der Weise ging zu den Leuten und stellte sich vor die Menge und lud sie ein, ihm ihr Problem zu erklären.

– Tobias! - ein Mann sprach.

– Wir haben immer Schwierigkeiten, die uns daran hindern, unsere Ziele zu erreichen, wir weichen von unseren täglichen Aktivitäten ab, wir beginnen unser Tagwerk, aber wir können es nicht beenden. Wir fangen an zu arbeiten, aber dann funktioniert es nicht und wir beenden nicht, was wir begonnen haben. Wir jammern ständig, das ist nicht gut, aber selbst das reicht uns nicht, wir beschuldigen jemanden für das unvollendete Geschäft. Kurz gesagt, wir beschweren uns nur, wir vertrauen uns nicht. Wo liegt unser Problem?

– Also gut, bringt mir einen sehr großen Stein, den mindestens vier Leute bewegen können. - sagte Tobias befehlend.

Die Männer vor ihnen fragten sich sofort, wo sich der nächste Stein befände und gingen dorthin. Hundert Meter vom Platz entfernt befand sich ein großer Stein, fast schon ein Stück Felsen. Zehn Männer stießen und rollten ihn auf den Platz vor das Dorf. Tobias befahl ihnen, den Stein direkt vor der Ladentür zu lassen.

– Was seht ihr jetzt? - Tobias zeigte auf den großen Stein, der ihn daran hinderte, den Laden zu betreten und zu verlassen.
– Einen großen Stein. - antworteten mehrere Leute.
–Dies ist eine eurer Schwierigkeiten. Warum - weil es Sie daran hindert, den Laden zu besuchen. Der Ladenbesitzer wurde ebenfalls am Betreten gehindert. Waren können nicht geliefert und exportiert werden. Was wollt ihr tun? Werdet ihr den Ladenbesitzer alleine lassen? Ihr selbst habt gesehen, dass ein Mann allein den Stein nicht bewegen kann. Wie werdet ihr vorgehen?
– Nun, wir müssen dem Ladenbesitzer helfen - antwortete der Mann.
– Das ist richtig, ihr werdet ihm helfen, und nicht nur ihm, sondern jedem, der Waren zum Verkauf in den Laden bringt, jedem, der im Laden einkaufen geht. Kurz gesagt, ihr werdet alle etwas davon haben. Wenn ihr wisst, dass es außerhalb der Macht einer Person liegt, sollten ihr eurem Nachbarn oder Freund auf die Schulter klopfen. Wenn ihr einem helft, wird er einem anderen helfen und es wird für euch alle einfacher sein. Ihr helft nicht nur anderen, sondern auch euch selbst. Wenn euer Nachbar eine erfolgreichere Person ist, ist er ein Plus für seine Familie. Wenn ihr viel Apfelfrucht in eurem Garten habt, gebt Ihm einen Korb. Er, der viele Eier hat, wird auch euch geben. Wenn ihr euch selbst helft, bleiben die Schwierigkeiten unbemerkt und das Leben wird gut. Aber wenn ihr euch selbst stört und euch das Leben schwierig und unerträglich wird ... Ihr macht Töpfe in eurem Dorf. Jeder beginnt widerstrebend morgens in seiner Werkstatt zu arbeiten. Ihr langweilt sich für eine Weile und geht zu eurem Nachbarn, der auch arbeitet. Aber anstatt ihm zu helfen beginnt ihr ein Gespräch mit ihm und er unterbricht seine Arbeit. Das Produkt, das ihr nach eurer Rückkehr nicht

fertiggestellt habt, kann nicht mehr fertiggestellt werden und ihr startet erneut. Ihr habt Zeit verloren, in der ihr hättet fertig werden können, solange es möglich war. Euer Nachbar ist in der gleichen Situation. Ihr seid bereits abgelenkt und jedes nächste Produkt läuft nicht gut und ihr wisst, dass ihr es nicht zu einem guten Preis verkaufen könnt. Ihr seid emotional bitter und unzufrieden. Dies wirkt sich auf die Beziehungen in eurer Familie aus. Am nächsten Morgen macht euch eurer Frau ein Frühstück, das ihr nicht mögt, und der Teufelskreis wiederholt sich. Jeden Tag treffen wir Entscheidungen, wichtige oder solche, die uns unbedeutend erscheinen. Und jeder von euch trägt zu dem bei, was morgen sein wird. Beseitigt die Entschuldigung, jemanden für eure Faulheit verantwortlich zu machen. Ihr habt einen Fehler gemacht, indem ihr euch im Geist ergeben habt. Ladet euch mit dem Optimismus der Medizin für den nächsten Tag auf. Akzeptiert den Kampf mit mächtiger Kraft.

– Glaubt mir, ich bin mir sicher, ihr werdet Erfolg haben. Am Abend, wenn alle ihre Arbeit beendet haben, vereinigt euch und unterstützt euch gegenseitig für den nächsten Tag. Und so werdet ihr nach einer Weile alle erfolgreich sein.

– Vielen Dank für deine Antwort. Wir werden versuchen zu sehen, was passiert. Die Menge ging nach Hause.

– Ich hoffe du verstehst, Max, dass jeder einen Stein in seiner Seele oder in seinen Händen trägt. Manchmal steht ihm ein Hindernis wie ein Stein im Weg. Aber der Mensch hat die Wahl: es loszuwerden oder es zu tragen. Den Stein mit oder ohne Hilfe aus dem Weg zu räumen. Um jedoch ohne Last und ohne Hindernis vorwärts zu kommen, muss das Hindernis entfernt werden, damit es keine anderen stört. Ich wünsche dir alles Gute. - sagte Tobias und machte sich auf den Weg zu seinem Haus.

Möchtest du mit dem Trinken aufhören, dann schau den Betrunkenen nüchtern an

 Max blieb in einem Gasthaus. Es waren Leute am Tisch, die miteinander redeten. Es gab auch viele betrunkene Männer. Irgendwann traten zwei Männer des Königs ein. Und sie kündigten den Wunsch des Königs an.

– Jeder, der ein Heilmittel gegen die Kopfschmerzen des Königs findet, wird belohnt. Ein Mann unter Alkoholeinfluss fragte:
– Was tut seinem Kopf weh? Er hat alles und kümmert sich um nichts. Dann antwortete einer der Männer des Königs:
– Der König liebt es, viel Spaß zu haben. Fast jeden Abend versammelt er seine edlen Freunde und isst, trinkt und freut sich mit ihnen bis spät in die Nacht. Nach und nach gewöhnte er sich daran, viel Wein zu trinken. Wein machte ihn gesprächig, scherzhaft und äußerst fröhlich. Das gefiel ihm und er begann sich oft zu betrinken. Aber nach jeder Trunkenheit am Morgen fühlt sich der König schlecht: Sein Mund ist bitter, sein Kopf tut so weh, als würde er platzen, man kann ihn nicht ansprechen, alles stört und ärgert ihn. Deshalb befahl er uns anzukündigen, dass jeder, der ihm Heilung bringt, eine große Belohnung bekommen würde, wenn ihm nach dem Trinken nichts passiert. Der Mann sagte sofort:

– Wenn es das ist, helfen wir ihm.
– Wie? - fragte einer der Männer des Königs.
– Bring mich dorthin um sicherzugehen, dass ich meine Belohnung bekomme.
– Und lassen Sie auch ein paar Männer mitkommen, damit Sie mich nicht anlügen. Die königlichen Männer machten sich auf den Weg, um ihn zum Palast zu führen. Max schloss sich den Männern an, um zu sehen, was passieren würde. Sie betraten den Palast und informierten den König, dass sie jemanden mitbringen, der am Morgen den Weg der Heilung für sein Unwohlsein nennen konnte. Der König kam in die Halle, in der sich die Männer befanden, und wandte sich ihnen zu.
– Wo ist die Heilung, sag mir. - sagte der König - was kann ich tun, um mich nach dem Trinken nicht krank zu fühlen?
– Trink weiter, dass was du abends getrunken hast! - antwortete der halb betrunkene Mann.
– Wie? Fragte sich der König.
– Glückwunsch König, haben Sie sie nicht sagen hören: "Ein Keil tötet einen Keil." Trinken Sie und haben Sie keine Angst. Wenn es ihnen nicht besser geht, nehmen Sie meinen Kopf.
– Wie weit komme ich, wenn ich so weiter mache? Fragte der König.
– Soweit wie ich gekommen bin. - antwortete der halb Betrunkene ruhig.
 Der König bekam Gänsehaut. Er riss seine Augen weit auf und starrte entsetzt den halb Betrunkenen an. Sein dunkles und geschwollenes Gesicht, seine geschwollene und blaue Nase, seine blutunterlaufenen und prall gefüllten Augen wie ein Frosch, seine schmutzigen, bespritzten und zerrissenen Kleider, all das war so hässlich und widerlich, dass er angewidert war und schrie:
– Gib ihm die Belohnung und lass ihn aus meinen Augen verschwinden. Er hat mich wirklich geheilt.

Zumindest habe ich mich schon belehren lassen. Ich schwöre, keinen Tropfen Alkohol mehr zu trinken. Und er kehrte in seine Gemächer zurück. Die Gruppe der Neuankömmlinge wartete darauf, dass ihr Freund die Geldbörse abholte, und kehrte zum Gasthaus zurück. Und dort begann der Spaß. Max war auch bei ihnen. Er aß und ging ins Bett. Er beendete seine Notizen und legte sich hin. Am Morgen erwachte er. Er blieb bei den Ausgelassenen stehen, um zu sehen, wie sie noch auf den Beinen waren. Er sah einige auf den Tischen schlafen, andere auf dem Boden, einige tranken weiter und sangen weiter. Jemand anderes wachte auf und griff nach dem Glas. Er sah eine Frau draußen, die ihren Mann zu ihnen zog. Er hatte bereits seine Rechnungen mit dem Gastgeber beglichen und rannte, um der Frau zu helfen. Das nahm sie gerne an, weil der Mann mit den Beinen schlurfte und kaum gehen konnte. Einmal fragte Max:

– Offensichtlich kann Ihr Mann heute nicht zur Arbeit gehen?

– Oh mein Junge, nicht nur heute, bis unseren Männern das Geld ausgeht, arbeiten sie möglicherweise einen ganzen Monat lang nicht mehr.

– Warum denn? - fragte Max.

– Es gibt ein wahres Sprichwort: ein dummer König - ein dummes Volk. So wie unser König ist, ist auch unser Volk. Wie unser König trank, tranken auch unsere Männer. Aber die Nachricht verbreitete sich hier schnell. Hoffen wir wirklich, dass unser König sich auf seine Belustigung beschränkt, damit die Männer auch an ihre Familien denken. Wir Nüchterne zahlen immer für die Sünden der Betrunkenen. Sie kamen im Haus der Frau an.

– Vielen Dank, junger Mann, und möge Gott Sie beschützen. - sagte die Frau.

Max ging weiter zum anderen Königreich.

Es ist schwierig zu schweigen, es ist wichtig zuzuhören und zu verstehen

Neben dem kleinen Fluss am Ende des Dorfes konnte man Schreie hören. Max ging schneller, um zu sehen, was mit der versammelten Gruppe von Menschen geschah. Als er ankam, sah er zwei Gruppen von Menschen, die sich mit Stöcken bewaffnet hatten und sich anschrien und bereit zum Kämpfen waren. Sie schrien so laut, dass man nichts verstehen konnte. Minuten gingen vorbei und mehrere Leute kamen aus dem Dorf und führten einen alten Mann. Sie schafften es, zwischen die beiden Gruppen zu gelangen, ließen den alten Mann in der Mitte und zogen sich zurück. Dann verstummten alle. Anscheinend hatte der alte Mann die Autorität und den Respekt, allen den Mund zu verbieten. Der alte Mann saß auf dem Boden und lud alle mit den Händen ein, sich zu setzen. Die beiden Personengruppen setzten sich ebenso wie diejenigen, die den alten Mann mitgebracht hatten, und auch Max setzte sich. Der alte Mann holte tief Luft, atmete aus und begann zu sprechen.
- Eines der schwierigsten Dinge für einen Mensch ist es zu schweigen. Eines der wichtigsten Dinge ist es zu fragen, um zu lernen. Die Fähigkeit zuzuhören und zu verstehen ist mächtig. Sie können wertvolle Lektionen von anderen lernen, wenn Sie sich wirklich erlauben, genau zuzuhören. Es hilft einer Person,

Missverständnisse in der Kommunikation zu vermeiden. Versetzen Sie sich an die Stelle der anderen Partei, gequält von etwas oder man möchte etwas sagen, was in Zukunft in Ihrem besten Interesse wäre. Man muss wirklich lernen zuzuhören. Wenn Sie Ihrem Gesprächspartner nicht vollständig zuhören, woher wissen Sie dann, ob diese Person Sie respektiert, liebt, schätzt, wie werden Sie verstehen, dass diese Person verspottet, gedemütigt, unterschätzt oder diskreditiert wird? Hören Sie ihm vollständig zu und ziehen Sie ihre Schlussfolgerungen und sprechen Sie erst dann. Woher wissen Sie, ob er Ihre Hilfe oder Unterstützung nicht benötigt? Woher wissen Sie, ob er nicht versucht, Ihnen zu helfen oder Sie zu beschützen, wenn Sie nicht auf ihn hören? Jeder möchte mitteilen, was ihm auf dem Herzen liegt. Aber wir brauchen Geduld, um einander zuzuhören, zu verstehen und einen normalen Dialog zu führen. Wenn Sie zuhören können, um zu verstehen, was sie Ihnen sagen, findet nur dann ein angenehmes Gespräch statt, das zur Lösung des Problems führt. Vergessen Sie niemals, dass jeder etwas sagen möchte, egal was passiert. Hören Sie einfach zu und Sie haben die Möglichkeit, etwas Neues oder Kluges zu lernen. Als alle Propheten sprachen, hörten ihre Jünger sehr genau zu und konnten aufzeichnen, was sie sagten, und deshalb wissen wir mehr. In dem Moment, in dem Sie miteinander sprechen, besteht keine Chance, das Konstruktive oder das zu hören, was Ihnen bei der Lösung des Problems helfen würde. Es führt nur zu einem Aufflammen von Konflikten und Abkühlung voneinander und möglicherweise zu Verletzungen. Die Leute sagen uns gerne, die alten Leute, bei denen Sie Rat suchen, Weise. Wenn ich in Ihren Augen tatsächlich ein Weiser bin, dann ist meine Ansicht, dass ich schlicht und einfach gerne auf den höre, der zu mir kommt, und mit den Jahren, die ich gelernt oder gehört habe, antworte ich langsam und ruhig.

Und die Lebenserfahrung, die wir haben. Sogar ich kann etwas von einem Kind lernen. Niemand ist allwissend. Jeder Mensch ist normal und hat seine eigenen physiologischen Bedürfnisse. Der einzige Unterschied ist, dass manche Leute gerne zuhören und etwas lernen. Wenn Sie wissen, dass alles sehr einfach ist, schaffen Sie es. Aber niemand wird als Wissenschaftler geboren, und deshalb lernen wir lebenslang. Aber um zu lernen, muss man zuhören und verstehen. Was Sie sich vorgenommen haben, ist nicht einmal mehr ein Streit, sondern ein Schritt, um geistige und körperliche Wunden zuzufügen. Mein Rat ist, sofort nach Hause zu gehen und über die möglichen Konsequenzen nachzudenken und sich morgen früh zu setzen, um zu sprechen und das Problem zu lösen. Der alte Mann stand auf. Die Leute, die ihn gebracht hatten, halfen ihm und gingen ins Dorf. Die beiden Gruppen sahen sich an und standen auf und gingen ebenfalls. Max vermutete, dass ein Gespräch offensichtlich zu einer Familie oder sogar zu einem Familienproblem geworden war. Er stand auf und machte sich auf den Weg.

Neid ist Zeit- und Zukunftsverschwendung

 Max ging und näherte sich einem Dorf. Er bemerkte, dass die Häuser von hohen Zäunen umgeben und nicht sichtbar waren. Am Ende des Dorfes aber, am höchsten Punkt gab es ein wundervolles Haus ohne Zaun.

Der ganze Garten war mit jungen Bäumen und Blumen bepflanzt. Und im Hof gab es ein sehr schönes Gartenhaus. Max ging dorthin, um zu fragen, wo er bleiben und wo er sein Lebensmittel für den Weg kaufen könne. Zwei kleine Mädchen spielten auf dem Hof und als sie Max sahen, schrien sie beide gemeinsam:
– Mutter Mutter! Ein Mann ist an der Tür.
Eine Frau kam auf den Hof.
– Willkommen, mein Sohn, was kann ich für dich tun?
– Willkommen, ich reise von Königreich zu Königreich, von Dorf zu Dorf und beschreibe Geschichten und Ereignisse aus dem Leben der Menschen. Jetzt bin ich in Ihrem Dorf. Wo kann ich die Nacht verbringen und Essen für die Reise kaufen?
– Komm schon, mein Sohn, wir geben dir Unterkunft und Essen. Mein Mann wird jeden Moment kommen. Sie nahm Max mit, um ihm das Zimmer zu zeigen, in dem er die Nacht verbringen sollte.
– Willkommen im Gartenhaus, ich mache dir heißen Tee, um das heiße Wetter zu vertreiben. Das Abendessen ist in einer Stunde fertig.

Max saß im Gartenhaus, trank seinem Tee und machte sich Notizen aus den vergangenen Tagen als der Gastgeber erschien. Sie begrüßten sich. Der Gastgeber setzte sich und sprach sehr höflich. Der Name des Gastgebers war Sancho. Sancho erkannte, dass Max durch die Dörfer ging und herumlief, Geschichten schrieb. Er bot Max an ihm eine sehr traurige Geschichte über das Dorf, aber eine gute für seine Familie zu erzählen. Das Abendessen war fertig, die Gastgeberin und die Kinder setzten sich und begannen zu essen. Nach dem Abendessen räumte die Gastgeberin das Abendessen weg die Kinder gingen im Garten spielen. Und Sancho begann seine Geschichte zu erzählen.

– Wie Sie bemerkt haben, hat in unserem Dorf jedes Haus hohe Zäune. Die Höfe und Häuser der Bauern sind dahinter vor Blicken geschützt. Im Dorf änderten die Leute ständig ihre Meinung. Jeder fand Fehler in jedem. Sie begannen sich gegenseitig zu unterdrücken. Wir hatten den Ruhm des neidischsten Dorfes. Zuerst spuckten alle auf die anderen Königreiche, dann auf die anderen Dörfer, bis ihre Nachbarn und schließlich ihre Freunde anfingen. Die Menschen selbst änderten sich von einfachem Neid zur Bosheit. Das Leben im Dorf war nicht normal. Während der Nacht sprangen sie über die Hecken, um die Tiere ihrer Nachbarn zu vergiften, weil sie neidisch auf sein Essen waren. Oder einer hatte mehr Ziegen oder Hühner als der andere. Der Apfelbaum gab dem Nachbarn mehr Obst, oder er hatte mehr Setzlinge, mehr Tomatenwurzeln oder Gurken. Es gab nichts, was sie nicht neidisch auf einen anderen machte. All dies war im Palast zu hören. Weil es in den Höfen der Familien keinen einzigen Baum mehr gab. Der König beriet sich mit Weisen aus anderen Dörfern und seinen Beratern. Er beschloss, ins Dorf zu kommen. Er kam mit seinen Beratern ins Dorf. Er war in einem großen Zelt und zwang jede Familie, separat mit ihm zu sprechen. Jeder Mann und jede Frau blieben maximal zehn Minuten und mussten in diesen Minuten die Fragen des Königs beantworten. Sie begannen bei der ältesten Familie und endeten bei der jüngsten Familie. Schließlich, nachdem alle befragt waren, ging der König auf den Platz und begann zu sprechen:

– Ich habe euch allen gesagt, dass ich bereit bin, etwas zu geben oder zu tun, um mir dafür eure Wünsche sagen zu lassen. Meine Berater haben alle Wünsche aufgeschrieben. Wenn ich nach Ihren Antworten urteile, wenn ich das tue, dann muss sicherlich das halbe Dorf ohne Hände sein, ein Teil ohne Immobilien, die andere ohne Augen, ohne Beine und so weiter. Ich dachte, wenn ich euch vorschlage, dass jeder mindestens eine Geldbörse voller Münzen oder ein neues Haus haben könne, wäre alles gut. Aber Ihre Antworten sind nicht durchführbar. Stattdessen, erhielt ich Antworten - nehmen Sie mir ein Auge weg und die beiden Augen der anderen Familie heraus, schneiden Sie meine Hand ab und die andere Familie beide Hände ab. Sie neidische Menschen sind bereit zu leiden, wenn Sie wissen, dass andere noch mehr leiden müssen. Ich bin mir jetzt sicher, wenn ich Ihnen anbiete für hundert Münzen einen Monat lang für mich zu arbeiten und ich deinem Nachbarn neunzig Münzen biete, werden Sie zustimmen. Aber wenn ich Ihnen einhundertzwanzig und Ihrem Nachbarn einhundertdreißig anbiete, werden Sie nicht zustimmen. Nur eine Familie war anderer Meinung. Sanchos Familie ist die ärmste, aber nicht so neidisch wie Sie. Aber im Interesse der Wahrheit wollte Sancho ein schönes Haus mit einem wunderschönen Garten, und für wen zwei wundervolle Häuser gebaut werden sollten, war die Antwort: Ich neige zu jedem oder jedem, ich möchte meine Dorfleute nicht beleidigen oder verletzen. Deshalb ist meine Entscheidung so.

Für ihn ein neues Haus mit einem schönen Garten ohne Zaun, das einzige, das Sie jeden Tag sehen können. Ich befehle dir, deine Zäune über das menschliche Auge zu heben. Damit man nicht sieht, was dein Nachbar hat. Als Vergütung für beide Häuser erhalten Sie Geld für die Materialien für Ihre Zäune. Als Bonus wird es am Ende des Dorfes einen Zaun geben, in dem ich Ihnen hundert Kühe im Dorf geben werde. Ihr Dorf besteht aus zweihundert Familien. Sancho wird sie weiden, jede Nacht werden Sie zwei Familien von einer Kuh melken, aber immer anders als diese, die du in der Nacht zuvor gemolken hast. Sie werden wissen, dass jede Familie die Hälfte der Kuh hat, aber nicht die ganze. Sie werden die Hälfte der Milch mit Ihrem Nachbarn oder Freund teilen, mit dem Sie abends zusammensind und wenn dies Ihnen keinen kleinen Schub gibt, müssen Sie essen, um zu leben. Sie haben böswilligen Neid gewählt, es ist unsichtbares Leid, es ist destruktiv und es ist Ihr Grund, unglücklich zu sein, und Sie verletzen sich nur. Ihr wisst, ich bin ein König, und ihr beneidet mich, na und? Neid ist eine Emotion, die eine innere Bosheit ausdrückt, die durch den Erfolg, die Freude, die Zufriedenheit und das Wohlbefinden anderer verursacht wird. Bis gestern wusste nicht einmal, dass Sie existieren. Wenn Sie es schaffen, daraus ein gut gefundenes oder wettbewerbsfähiges Dorf zu machen, besteht die Hoffnung, dass Sie zusammenleben können und eines der reichsten Dörfer der Welt werden. Wenn nicht, weiß ich die Antwort nicht. Bleiben Sie gesund und hoffen Sie, dass Sie Erfolg haben. Der König tat, was er sagte, baute mir ein Haus mit Garten und gab den Menschen Geld, um ihre Zäune fertigzustellen. Wir sind seit zwei Jahren so. Jede Nacht kommen Frauen, um die Kühe zu melken. Dann kommen die Männer.

Und jetzt haben wir dieses Jahr siebzig Kälber. Wahrscheinlich haben die Leute verstanden, dass der gemeinsame Nenner nicht nur ihnen, sondern allen gehört. Ich weiß es noch nicht, aber wenn der König merkt, dass die Menschen begonnen haben, sich gegenseitig zu respektieren, kann er zulassen, dass jeder den Zaun entfernt. Ich hoffe, dass dieser Tag kommen wird.

Gier hat kein Maß

Max konnte bevor es dunkel wurde in das Königreich von König Chen ankommen. Vor den Toren des Reiches versammelten sich Menschen. Alle warteten. Die Menschenmenge bestand aus Erwachsenen, Frauen und Kindern.

Max fuhr fort und trat hinter die Tore des Reiches. Dort wurde ein sehr großer Tisch gedeckt, auf dem der König und seine Berater saßen. Viele weitere Leute saßen auf der Seite des Bodens. Er sah einen alten Mann allein in der Menge sitzen. Er näherte sich und setzte sich neben ihn.
– Hallo, worauf warten die vielen Leute? - Fragte Max höflich.
– Hallo junger Mann, du bist offensichtlich nicht aus diesem Königreich und weißt nicht, was passiert. - antwortete der alte Mann.
– Dieses Ereignis des Jahres ist seit vielen Jahren ein Brauch in unserem Königreich. Jedes Jahr zur gleichen Zeit kommen diejenigen, die am Wettbewerb teilnehmen möchten. Die Bevölkerung glaubt, dass der König etwas verteilt und er misst, wie gierig die Menschen sind. Die Bedingung, um sich als Teilnehmer anzumelden ist, morgens die Tore des Königreiches zu verlassen, zum nächstmöglichen Wald zu gehen, wo es Haselnussbäume gibt, aber nur die Blätter zu sammeln und bis Mitternacht an die Tore des Königreiches zurückzukehren. Je mehr Kilogramm Blätter die Menschen mitbringen, desto mehr Münzen gibt der König.

– Gut gemacht, also haben Sie einen sehr großzügigen König. - sagte Max.

– Wenn man es so betrachtet, ist es wahr. Aber wenn man es von der Seite der Gier betrachtet, ist es immer wenig und unzureichend.

– Warum beurteilst du die Leute so gierig? - fragte Max.

– Mein Junge, vor Jahren, als dieser Wettbewerb noch nicht begonnen hatte, testete der Großvater dieses Königs persönlich, wie lange man brauchen würde, um zum nächsten Haselwald zu gelangen. Wie lange man braucht um zurückzukehren und wie viel Zeit man noch zum Sammeln hätte. Darüber hinaus tragen die Leute bei Ihrer Rückkehr eine Last, die Sie auch verlangsamt und die Müdigkeit kommt noch dazu.

– Nun, ich denke, da dies jedes Jahr gemacht wird, müssen die Leute eine Lektion gelernt haben und Erfolg haben. - sagte Max.

– Du denkst sehr gut, mein Junge, aber das gilt nur für die Leute, die mit weniger zufrieden sein können. Solange ich mich erinnern kann, waren unter tausend Teilnehmern mindestens ein Dutzend, die Erfolg hatten. Die meisten gingen mit nur wenigen Münzen oder mit einem Geldbeutel. Einmal hatte ein Teilnehmer sogar zwei Säcke mit Münzen nach Hause genommen. Aber wenn jemand in den letzten Jahren Erfolg hate, ist er so etwas wie ein Held.

– Es ist Sache aller, Erfolg zu haben, wie andere es zuvor hatten und von ihnen zu lernen.

– Natürlich ist es eine Sache zu lernen und Vorteile daraus zu ziehen, es ist eine andere, gieriger zu werden und nichts zu nehmen. Gier ist unersättlich. Gier hat kein Maß. Es überwältigt dich so sehr, dass du dich nicht beherrschen kannst. Der Durst nach noch mehr hält dich durstig.

Wenn Sie in die Falle der Gier geraten, wird dies für andere, aber auch für die gierige Person zur Zerstörung führen. Die ungezügelte Gier zerstört viele Menschen auf dieser Welt. Es war bereits Mitternacht, und ein Mann machte sich kaum auf den Weg zu seinem Hof der Palast. Er schaffte es, sich rechtzeitig anzupassen und die Leute applaudierten ihm. Sie legten die Blätter in die Säcke auf die Waage und der König legte Münze für Münze auf die andere Seite. Bei der siebzehnten Münze war die Waage ausgeglichen. Genug Geld für ein ganzes Jahr für die Familie des Gewinners. Nachdem sie die Münzen erhalten hatten, gingen die Leute zu ihren Häusern. Einige, um ihre Ehemänner zu treffen und sie zurückzubringen, um nicht umsonst weiterzumachen, wenn sie die Zeit noch nicht erkannt hatten. Der alte Mann redete weiter mit Max.

– Dieser Mann ist seit mehreren Jahren erfolgreich, und es ist sicher, dass der König ihn in einigen Monaten ohne das Verständnis des Volkes einladen wird im Palast zu arbeiten. Der König ist schlau und weiß, dass dieser Bauer nicht gierig ist und weiß, wie er damit umgehen soll. Er braucht eine Person, die Dinge für den Erfolg plant und Gier täuscht ihn nicht. Es ist seit drei Jahren bewiesen. Und die anderen versuchten aus Gier, mehr Blätter für mehr Münzen zu sammeln. Jetzt haben sie keine Münzen mehr. Wenn sie Selbstbeherrschung hätten und ihre Gier kontrollieren könnten, wenn sie ein paar Münzen gewonnen hätten, wäre dies ein Plus für sie und ihre Familien gewesen. Wie die Welt scheint und Gier existiert. Diejenigen, die für die Kleinen dankbar sind, haben Erfolg, aber dann findet das Leben einen Weg, sie zu belohnen. Und die Gierigen, egal wie viel sie haben, sind immer unzufrieden und ihr Leben ist immer unglücklich.

– Du siehst für mich nicht wie ein Einheimischer aus, ich glaube, du kannst nirgendwo bleiben, komm mit zu mir nach Hause, damit ich dir Essen und ein Bett geben kann.

– Mit Vergnügen. - sagte Max, stand auf und folgte ihm.

Was du säst, wirst du ernten

 – Max kam in einem Dorf an. Im Dorf hörte man viel Weinen und Schluchzen. Überall, wo er hinschaute war Streit und Wehklagen in den Häusern zu hören. Als er ging, befand er sich am Ende des Dorfes und sah ein kleines Haus, vor dem nachdenklich ein alter Mann saß.

Max ging zu ihm und sprach mit ihm.

– Hallo, was ist im Dorf passiert, etwas Tragisches?

– Hallo, junger Mann, komm, setz dich. - er gab ihm ein Glas Wasser und antwortete ihm.

– Vor zwei Tagen ging eine Frau von Haus zu Haus im Dorf, um zu sagen, dass sie davon geträumt hatte, dass der Tod in unser Dorf kommen würde, um eine Seele mitzunehmen. Sie sprach so überzeugend, dass die Leute ihr glaubten und Angst bekamen. Aus Angst machten sich alle daran, Dinge zu tun, die sie normalerweise nicht tun würden. Tatsächlich sind zwei alte Männer gestorben, drei Männer und zwei Kinder haben sich die Beine gebrochen und mehrere Frauen sind in großer Hysterie. Es gibt auch ein paar bettlägerige Menschen wegen der Angst und dem Stress. Eine Person mit wenig Intelligenz sät manchmal Angst und Unruhe ohne nachzudenken. Und diese Ängste und Sorgen tragen bittere Früchte. Für die schlechten Nachrichten erhält jeder, was für ihn und seine Verwandten angemessen ist.

Gerüchte gehen manchmal schief. Das zu Zuhause der Frau litt am meisten.

Ihr Schwiegervater starb, ihr Mann hatte einen gebrochenen Arm und ihr Kind hatte ein gebrochenes Bein. Angst und Chaos die von schlechten Gerüchten herrührten suchten sich einen Weg. Alle versuchten sich vor dem Tod zu verstecken. Jeder weiß, dass wir eines Tages sterben werden und wir den Tod ohne Angst akzeptieren müssen. Aber die Menschen wollen ihr irdisches Leben verlängern, auch wenn sie damit unzufrieden sind. Aber solange wir leben, müssen wir für die Gesundheit sorgen. Jeder will Gesundheit und tut alles, um sie zu bekommen. Sie kümmern sich nicht um ihren Körper, sie trainieren nicht regelmäßig, sie essen nicht gesund, sie lachen nicht aus dem Herzen ... Sie lassen Angst und Sorgen ihr Leben kontrollieren. Sie müssen auf sich aufpassen.

Lasst uns zum Glück säen. Sie sagen, sie wollen Glück, wollen es aber nicht sehen, wenn es in ihren Händen liegt. Sie sehen es nicht, während sie nach etwas anderem suchen, etwas Größerem, etwas Fremdem ... Sie vergessen, die einfachen Dinge im Leben zu genießen. Sie vergessen, dass in ihnen das wahre Glück liegt. Sie vergessen zu lächeln. Sie vergessen zu danken. Sie vergessen, wirklich zu leben.

Für die Liebe zu säen. Sie sagen, sie wollen Liebe, sie lassen sie nicht in ihre Herzen. Sie bauen Barrieren, bauen Mauern und verschließen sich aus Angst sich zu verletzen. Tatsächlich haben sie sich so selbst verletzt. Sie achten darauf, sich nicht auszurauben. In der Tat rauben sie sich so aus. Sie haben Angst, Risiken einzugehen, aber tatsächlich haben sie Angst zu leben.

Lasst uns für die Freundschaft sorgen. Sie sagen, sie wollen echte Freunde, aber sie erkennen nicht, dass sie zuerst Freunde werden müssen. Sie erkennen nicht, dass Freundschaft mehr ist als jeden Tag zu reden.

Freundschaft ist Unterstützung. Freundschaft ist Stärke. Freundschaft teilt. Freundschaft ist die Bereitschaft, Ihren Stolz bei Bedarf zu schlucken. Freundschaft ist die Bereitschaft, bei Bedarf zu helfen. Freundschaft ist die Bereitschaft, sich bei Bedarf zu opfern.

Lassen Sie uns Hoffnung auf Erfolg säen. Sie sagen, sie wollen Erfolg, aber sie sind nicht bereit, dafür zu kämpfen. Sie wählen Angst vor dem Mut, weil sie scheitern könnten. Sie wählen Sicherheit gegenüber dem Risiko von Veränderungen, weil sie nicht wissen, was sie auf dem Weg erwartet. Sie entscheiden sich dafür, dem Schicksal zu folgen, anstatt es zu konstruieren. Sie wählen die Rolle des Beobachters anstelle des Entdeckers. Sie müssen die Wahrheit akzeptieren, dass es an ihnen liegt, zu wählen, was sie wählen.

– Ich sehe, dass du ein Passagier bist. Ich schlage vor, dass du die Nacht bei mir zu Hause verbringst. Wir werden etwas essen.

Der alte Mann stand auf und ging in sein Haus.

– Ich akzeptiere mit Dankbarkeit.- sagte Max und folgte ihm.

Du kannst nur das geben, was du hast

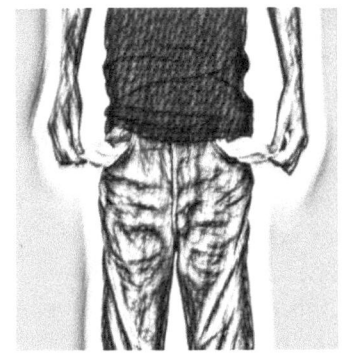 Am nächsten Tag sah Max einen älteren Mann am Ufer eines kleinen Sees sitzen und angeln. Er näherte sich ihm, begrüßte ihn und setzte sich um auszuruhen. Während sie redeten, näherte sich ein Reiter auf der Straße. Die Kleidung des Reiters zeigte, dass er ein reicher Mann war. Anscheinend kannte der Adlige den alten Mann aus dem Dorf und blieb stehen.

– Sag mir, lieber Hans, wenn du so schlau bist, warum bist du nicht reich? Fragte der Adlige.

Hans wandte sich seinem verschwenderischen, goldenen Mantel zu und antwortete:

– Hör mir jetzt zu, lieber Mantel, viele Leute, besonders die Reichen, denken, ich bin arm. Aber sie liegen alle falsch. Ich bin reich, mein Reichtum ist einfach unsichtbar. Er hat keine äußere Erscheinung, sondern ist in mir. Der Adlige muss gedacht haben, dass jeder diesen Mann für einen weisen und intelligenten Mann hielt, aber anscheinend war er einfach nur verrückt. Er antwortete ihm nicht, sondern dem Mantel. Aber er schwieg immer noch. Und Hans redete weiter zu seinen Kleidern:

– Ich werde es dir jetzt genauer erklären, lieber Mantel. Wenn dein Meister nachts ins Bett geht, nimmt er dich nicht mit. Weder du noch seine Diener noch sein Gold sind bei ihm, während er schläft. Und wenn er von einem Tiger träumt, der ihn verfolgt, wird er seine Diener nicht um Hilfe rufen,

sondern weglaufen. Er wird nur gerettet, wenn er schnell rennen kann. Wenn er träumte, dass er allein mitten auf einem schneebedeckten Feld war und vor Kälte starb, er würde sich nicht in sein Edelmetall einwickeln können. Nur seine Fähigkeit, ein Feuer anzuzünden, wird ihn retten. Unsere Fähigkeiten sind unser wahrer Reichtum. Sie sind in uns und nur ihre Erscheinungen sind außerhalb. Der Adlige, der bereits empört war, dass der Weise sich nicht einmal an ihn wandte, sondern mit seinen Kleidern sprach rief:
– Sie sind offensichtlich kein Weiser, sondern ein gewöhnlicher Verrückter! Wie können Sie mit meinem Mantelsprechen? Können Sie mich nicht sehen, mich seinen Besitzer? Hans lächelte und sagte:
– So ist es auch mit den meisten Menschen. Sie sprechen mit den Körpern und sehen nicht diejenigen, denen der Körper gehört. Sie sehen Gesichter, schauen aber selten in die Seelen. Sie ziehen Schlussfolgerungen über die Kleidung. Ich bin vielleicht der größte Kaufmann, als Bauer verkleidet, fische, damit die Leute mich nicht erkennen. Oder ich stelle mich als ein Wanderer in meinem Königreich vor, um zu sehen, wie mein Volk lebt. Die Menschen sehen nur die Oberfläche, nur die Verpackung. Wenn wir nur nackte Seelen sind, können wir uns als groß, klein, dünn, oder dick definieren, aber unsere Wahrheit ist tatsächlich in uns. Sie ist nicht nur durch das Anschauen sichtbar. Sie liegt in unserem Denken, in unserer Seele und in unserem Handeln. Wenn wir moralisch richtig denken und unser Handeln selbst im Interesse von Mensch und Natur liegt, dann zeigen wir, wie reich wir sind. Ich werde dir eine Geschichte von vor drei Jahren erzählen. Mein Haus ist klein und ordentlich. Ein neuer Nachbar kam zu mir. Anscheinend hatte er viel Geld. Selbst nachdem er sich eingelebt hatte, warf er seinen Müll vor meine Tür und verleumdete das Dorf unter meiner Adresse, ohne mich zu kennen.

Kurz gesagt, er versuchte mein Leben zu trüben, weil ich im Dorf die Menschen respektiere und sie mich respektieren. Ich behandle sie gut und sie behandeln mich gut. Der neue Nachbar hat nichts erfunden. Eines Tages hatte er einen Eimer Müll vor meine Tür gestellt. Ich warf einfach den Müll raus, wusch den Eimer und füllte ihn mit saftigen Äpfeln. Ich ging zu seiner Tür, klopfte an, und als er herauskam, gab ich ihm den Eimer und sagte:

– Hier für dich, Nachbar, jeder kann nur das geben was er hat.

Nach diesen Worten fühlte sich der Adlige anscheinend beleidigt und ritt schnell auf seinem Pferd, ohne sich zu verabschieden. Hans hatte ein paar Fische in einem Korb gefangen, nahm sie heraus und reichte sie Max.

– Ich werde selber fischen, aber wenn du auf dem Weg hungrig wirst, kannst du ein Feuer anzünden und essen.

– Danke, lieber Hans, für den Fisch und dass du dir die Zeit für mich genommen hast. Bleib gesund.

Max stand auf und ging seinen Weg weiter.

Untätigkeit führt nicht zu Verbesserung

 Max sah sich um und sah eine alte Frau und einen Mann in einem kleinen Haus mit einem Garten vor sich. Der Mann und die Frau standen auf der Veranda und genossen die untergehende Sonne und den Duft der Blumen.

Er sprach sie auf das gute Wetter an, auf die Blumen und dann ob sie ihm sagen können, wo er die Nacht verbringen könnte. Sie sahen, dass Max gut gekleidet aussah, ein angenehmes Gesicht hatte, einen höflichen Ton, als er sprach, und sie luden ihn in ihr Haus ein. Sie empfingen ihn in ihrem Haus, stellten Essen, aßen und redeten. Sie fragten Max, woher er kommt und wohin er geht. Max fragte sie, wie das Leben im Dorf sei. Irgendwann bemerkte Max, dass der Hund ständig jammerte. Gleichzeitig machte er solche Geräusche, als hätte er Schmerzen von etwas.
– Was ist los mit dem Hund? Warum jammert er so?
– Ah, ihm geht es gut. - antwortete die Besitzerin.
– Es hat einfach auf einem Stein der nicht glatt ist und scharfe Kanten hat, gelegen obwohl der ganze Hof verfügbar ist und jetzt wimmert er vor Schmerz.
– Aber warum wechselt er seinen Platz nicht, wenn es weh tut? - die alte Frau lächelte teuflisch und antwortete.
– Nun, weil es offensichtlich so weh tut, dass er jammert, aber nicht genug, um sich zu bewegen. Weißt du, wir Menschen machen manchmal das Gleiche. Wir jammern und beschweren uns über etwas, das uns stört oder belästigt, aber

wir tun nichts, um es zu beseitigen. Nur wenn es ernst wird und es keinen anderen Ort gibt, an dem wir hingehen können, ergreifen wir Maßnahmen. Der Gastgeber sagte:
– Sturheit hat keine Grenzen. Er weiß, dass da etwas ist, das ihn sticht, aber er legt sich trotzdem dahin. Ob es ein Hund oder ein Mensch ist, wir machen oft die gleichen Fehler, aber wir lernen nicht, die Umstände zu ändern. Wir wissen, dass wir uns dort nicht wohl fühlen, aber die Veränderung macht uns Angst. Wir leiden oft jahrelang unter Schmerzen und Unwohlsein. Wir bringen ihn an einen anderen Platz, aber er geht wieder dorthin. Wie Menschen, sagst du jemandem: "Ändere Dinge in dir selbst oder finde einen neuen Job, den du magst", aber sie tun nichts und jammern nur, also ist unser Hund einer von ihnen.
– Du hast wahrscheinlich recht. - beschloss Max.

Unwissenheit ist ein Hindernis für Glück und Erfolg

 Das nächste Dorf erschien vor Max neben der Burg des nächsten Königreichs. Als er zu ihm reiste, bemerkte er, dass sich oben auf der Spitze ein Mann befand und er auf eine Leinwand malte. Max ging direkt auf ihn zu. Er näherte sich dem Mann, der malte.

Auf seiner Leinwand beendete er eine wunderschöne Landschaft auf der ein Kind vor einem See rannte.

– Hallo, kann ich mich zu dir setzen und mich ausruhen und sehen, wie du malst? Sagte Max.

– Komm, setz dich, es macht mir nichts aus - sagte der Künstler.

Wort für Wort erfuhr Max, dass der Künstler ein Lehrer war, und er malte Bilder auf Bestellung, auch für königliche Majestäten. Jeder mochte und akzeptierte seine Werke und fand sie schön. Während sie redeten, erschien ein Schüler von ihm, der die Aufgabe erledigt hatte, die der Lehrer anscheinend vor einigen Tagen gestellt hatte. Er trug zwei Gemälde. Aber die beiden waren wie zwei Wassertropfen gleich.

– Meister, ich habe Ihren Wunsch erfüllt. Ich habe versucht, sie nicht unterscheiden zu können. Schau sie dir an und sag mir deine Meinung, ob es mir gelungen ist. Sein Lehrer antwortete:

– Ich trainiere dich seit drei Jahren. Es ist Zeit, dir eine letzte Lektion zu erteilen. Meiner Meinung nach geht es dir als

Künstler sehr gut. Für jeden Künstler oder Meister es ist sehr schwierig, sofort Anerkennung für seine Arbeit und damit für sich selbst zu finden. Viel Arbeit und Ausdauer sind erforderlich. Sehr oft geben Menschen auf, weil sie sie nicht sofort Anerkennung finden, sie ruinieren ihr Leben. Mein Wunsch ist, dass deine Bilder von den Menschen geschätzt werden. Ich möchte, dass du in den Palast gehst und die Bilder an den belebtesten Ort bringst, an dem sich der Markt befindet. Eines am Anfang des Marktes und das andere irgendwo in der Mitte des Marktes. Hinterlass dir neben dem ersten Bild einen roten Stift und eine Notiz, um die Leute zu bitten, die Stellen zu streichen, die sie nicht mögen. Lass neben dem zweiten Bild Pinsel und Farben und bitte die Leute in der Notiz, die Stellen zu reparieren, die sie nicht mögen. Du kannst eine Stunde über den Markt spazieren und holst dann die Bilder und kommst zu mir. Max lobte das selbstbewusste Zeichnen des Lehrers und wie er den Pinsel in seiner Hand tanzen ließ. Die Zeit verging unmerklich, als sie miteinander sprachen. Der Schüler mit den beiden Bildern erschien, als er sich das eine ansah wollte er weinen und wo er sich das andere Bild ansah beleuchtete ein Lächeln sein Gesicht. Das eine Bild war fast mit roten Kreuzen bedeckt. Das Bild, in das er seine Seele steckte und mit so viel Mühe malte, war wie rote Farbe. Er sah auf das Bild und wurde traurig und beleidigt. Wenn er das andere ansah, wurde er sehr glücklich, weil das Bild nicht berührt wurde und die Pinsel und Farben nicht verwendet wurden. Sie schwiegen ein oder zwei Minuten und der Lehrer sprach.
– Lieber Schüler, auf dem ersten Bild hast du gesehen, dass Menschen, die Gelegenheit zur Kritik haben, rücksichtslos werden. Menschen, die noch nie in ihrem Leben gemalt haben, sind gekommen und haben dein Bild zerkratzt. Sei dir sicher, wenn du anfängst, für Geld zu malen, wird es

von Anfang an so sein. Weil du unbekannt bist und die Menschen Schlamm gießen, unabhängig davon, ob sie diese Sache verstehen. Während du in der zweiten Situation gebeten hast, deine Fehler zu korrigieren, hast du sie gebeten, konstruktiv zu sein. Konstruktiv zu sein erfordert Wissen. Aus Unwissenheit wagte es niemand das Bild zu korrigieren. Es reicht nicht aus, ein Meister in deiner Arbeit zu sein, du brauchst Wissen. Von denjenigen, die keine Ahnung von deiner Arbeit haben, kannst du nicht erwarten, deine Arbeit zu schätzen. Für sie hat deine Arbeit keinen Wert. Streite niemals mit den Unwissenden und Teile deine Werke nicht mit ihnen! Ich werde dich jetzt um einen weiteren Gefallen bitten.

– Nun, mein Junge, nimm diesen Ring

Er nahm den Ring mit einem schönen Stein vom Finger seiner Hand und gab ihn ihm.

– Ich möchte, dass du wieder zum Marktplatz gehst. Ich möchte, dass du mindestens fünf Händlern den Ring anbietest, aber nicht verkaufst. Merk dir nur, wer und wie viel Geld sie dir dafür anbieten. Dann geh zum Goldschmied und frag ihn, zu welchem Preis er dir den Ring abkaufen würde. Aber verkauf ihn auch hier wieder nicht. Am Ende möchte ich, dass du zum Juwelier gehst und dasselbe machst und dann renne, komm zurück, so schnell du kannst! Diesmal kehrte der Schüler schneller zurück, es dauerte nicht mal eine Stunde. Der Lehrer bat ihn, sich zu setzen und zu Atem zu kommen, und lud ihn ein, zu sprechen.

– Sobald ich auf dem Platz ankam und von Stand zu Stand ging, um den Kaufleuten den Ring anzubieten, sahen sie ihn interessiert an, aber sie boten ihm nicht mehr als zwei Kupfermünzen an. Der Goldschmied überprüfte den Ring und sagte, es sei nicht Gold, sondern Silber, und er könne nur drei Silbermünzen geben. Als ich zum Juwelier ging, verbrachte er viel Zeit damit, ihn zu betrachten und zu schätzen. Er bot mir bis zu achtundachtzig Münzen an.

– Hast du verstanden, ich habe dir eine Möglichkeit angeboten, seinen wahren Wert auf diesem Ring zu ermitteln!

– Wenn du ein Bild malst, ist es gut, ein paar Kenner von Bildern zu finden, die dich zum möglichen Preis führen und sich dann wie beim Ring am Preis orientieren. Es wird Leute geben, die dich nicht verstehen, wie im Fall von Fehlern, aber es gibt Leute, die verstehen und wenn die deine Arbeit mögen, werden sie sie kaufen. Wenn du berühmt wirst, steigen schließlich die Preise für die Werke. Es gibt keine Möglichkeit, dass etwas jedem im Leben gefällt. Aber wenn du nicht auf sie achtest und deine Stimmung nicht verdirbst, was dich nur bitter macht, dann wirst du sowohl Glück im Leben als auch Freude an deiner Arbeit finden. Ich hoffe du verstehst, dass ich dir in diesen drei Jahren das Malen beigebracht habe. Aber heute habe ich dich auch darüber aufgeklärt, wie du später in deinem Leben damit umgehen sollst, und nicht jedem Ignoranten, dem du begegnest nachgibst. Grüße deinen Eltern und ich hoffe du besuchst mich von Zeit zu Zeit.

– Natürlich, Meister, ich bin dankbar für alles, was Sie für mich getan haben, und ich werde sie manchmal besuchen kommen.

Der Schüler ging. Max wünschte dem Lehrer Gesundheit und ging zum nächsten Gasthaus.

Liebe ist der Funke, Lieben ist das ewige Feuer

Die Sonne ging unter und Max musste Schutz suchen. Er ging den ganzen Tag, ohne jemanden zu treffen, kam fast an zwei Dörfern vorbei, ging aber weiter. Max bemerkte Häuser am Horizont. Er beschleunigte sein Tempo, damit er im Licht ein Gasthaus finden konnte.

Am Ende des Dorfes sah eines der Häuser sehr ordentlich aus und er beschloss zuerst dort zu fragen. Auf dem Hof saß ein älterer Mann auf einer Bank in seinem Hof. Max begrüßte ihn und fragte, wohin er ihn führen könnte, um die Nacht zu verbringen. Der alte Mann kam zur Zaun Tür und lud ihn ein.
- Mein Junge, wir haben kein Gasthaus in unserem Dorf. Wenn du möchtest, willkommen in meinem Haus, ich werde dir Schutz für die Nacht geben. Sie hatten sich gerade auf die Bank gesetzt, als ein junger Mann seinen Namen rief.
- Meister Tanner, wir möchten mit Ihnen sprechen. Der Besitzer ging zur Haustür und lud den jungen Mann ein, der ihn mit seinen Namen rief. Der Mann war nicht allein, seine Frau war bei ihm.
- Wir müssen mit Ihnen über ein sehr wichtiges Thema sprechen, das wir nicht mehr verschieben können. - sagte der junge Mann.

Tanner brachte den Gästen zwei Stühle und forderte seine Frau auf, den Gästen ein Glas Blaubeersaft zu bringen.

- Ich höre euch zu, liebe junge Familie, und versuche zu helfen, mit dem, was ich helfen kann. - sagte Tanner mit leiser, ruhiger Stimme.

- Meine Frau und ich haben vor zwei Jahren geheiratet. Die ersten Monate haben wir uns sehr gut verstanden. Anschließend haben wir uns viel gestritten. Wir können keine Harmoniefinden und Streitigkeiten sind im Begriff uns zu trennen. Sogar unsere Nachbarn bemerken, dass wir uns zu laut unterhalten. Wir fragten im Dorf, welche Familie am glücklichsten ist und alle Antworten waren, dass Ihre Ehe die beste sei. Unsere Bitte ist es also, uns zu sagen, was das Familiengeheimnis ist, was zu tun ist, weil es unerträglich geworden ist, wir machen aus allem ein Problem und streiten uns über alles.

- Willkommen im Haus, um meine Gäste zum Abendessen zu sein, sowie Max, der heute Nacht in meinem Hause schlafen wird. Sie betraten einen Raum, in dem die Gastgeberin kochte. Sie ging sofort nach draußen, um die Gläser zu holen, aber ihr Mann brachte den Tisch und die Stühle.

- Vielen Dank für deine Hilfe. -sagte Tanner zu seiner Frau, wegen der Gläser.

- Und ich danke dir für die Hilfe wegen des Tisches und der Stühle. – antwortete die Gastgeberin.

- Irene, heute Nacht haben wir einen Gast, der zu Abend isst und bei uns schläft, wir müssen sein Zimmer fertig machen. Und diese junge Familie ist unser Gast zum Abendessen. Du musst deinen Lieblingskuchen zubereiten, damit sie auch davon probieren zu können.

- Vielen Dank, Tanner, für diesen angenehmen Abend. Und er fing an, Süßigkeiten zu machen.

Tanner stellte Geschirr und Löffel vor alle, holte Brot heraus und brach alles gleichermaßen. Er brachte den Krug Wasser und machte noch Sirup für die Gäste und setzte sich. Währenddessen machte Irene immer noch die Süßigkeiten am Herd.

- Sie, die junge Familie, müssen bereits die Mängel des anderen gelernt haben. Das Geheimnis des Familienglücks, wie Sie es nennen, besteht darin, die andere Seite zu verstehen. Den Respekt den du willst musst du auch geben. Du willst Freude, lern den anderen glücklich zu machen. Kompromisse sind ein Faktor für ein friedliches Familienleben. Egoismus ist schädlich für die Vereinbarkeit. Schlechte Gewohnheiten behindern die Harmonie des Verstehens. Wenn du hilfst, bekommst du Hilfe für dich. In Guten oder schlechten Zeiten müsst Ihr euch unterstützen. Konstruktive Kritik ist nicht zu unterschätzen, man muss eine Lektion lernen. Man muss auch die Freiheit des anderen respektieren. Die Wahrheit stellt keine Barrieren zwischen euch, sondern sucht einen Ausweg. Jeder muss Verantwortung übernehmen. Rache wird die Kluft zwischen euch vergrößern. Pessimismus wird euer Vertrauen in das Gute verringern. Vergebung wird die Lücken auf euerem Weg füllen. Beleidigungen werden euch verletzen. Wut ist der Beginn aller Probleme. Schreien ist ein aggressives Verhalten, um den Willen einem anderen gegenüber durchzusetzen. Ruhiges Verhalten ist ein Gleichgewicht der Menschheit. Vertrauen erhöht die Hoffnung. Hoffnung wird dir Glauben bringen. Der Glaube wird dir Liebe geben. Deine Liebe wird dir ein   Lächeln, Freude und Glück bringen. Jeder sagt, dass es nicht einfach ist zu leben, aber ihr könnt es tun, damit es für euch und andere ein angenehmes, fröhliches, stimmungsvolles und nützliches Leben wird. Irene war mit den Süßigkeiten fertig. Sie setzte sich an den Tisch und fügte hinzu:

- Die Welt ist so aufgebaut, wenn du gibst, wirst du auch was bekommen. Liebe ist ein sehr wichtiger Faktor, der zwei Menschen den Anfang gibt, zu heiraten. Liebe ist der Funke für den Beginn der Liebe. Aber Lieben ist das ewige Feuer. Wenn Sie sich lieben, ist nichts wichtig. Es leuchtet ständig und beleuchtet Ihren Weg. So unsicher oder gefährlich Ihr Weg auch sein mag, er findet einen Weg, ihn zu beleuchten und überwindbar zu machen. Wenn ein Mann nur liebt, tut er alles mit seiner ganzen Seele, um die Frau glücklich zu machen. Und wenn sie gehen will, lässt er sie gehen, nur damit sie glücklich ist, aber er liebt sie weiterhin und ist immer bereit, ihr zu helfen, egal unter welchen Umständen. Aber wenn beide sich lieben, ist es schon Familienglück. Liebe gibt Harmonie und Ausgeglichenheit im Leben einer Familie. Komm und iss jetzt. Alle aßen leise. Die junge Familie aß zu Ende und stand auf.
- Vielen Dank für Ihre Zeit und Ihren Rat. Wir müssen Erfolg haben, denn alles, was Sie uns erzählt haben, ist frei vom Schöpfer und Sie müssen nicht viel Geld haben, um Familienglück zu kaufen. Nochmals vielen Dank und bleiben Sie gesund.
 Die jungen Leute wollten aufbrechen. Während dieser Zeit gab Irene ihnen noch Süßigkeiten zum Mitnehmen. An der Tür bedankte sich die junge Frau noch einmal und ging auf sie zu. Als wir nach Hause kamen, sagte Tanner zu Irene:
- Beide haben sich bedankt, also wollen sie beide gemeinsam vorankommen. Ich hoffe, dass sie ihre Differenzen überwinden können. Und jetzt, machen wir das Bett für unseren Gast, damit er sich ausruhen kann, er wird wohl morgen früh gehen.
- Danke, dass Sie mich zu sich nach Hause gebracht und ich bei Ihnen Essen konnte. Ich hoffe, Sie bleiben immer gesund und glücklich. - sagte Max und ging ins Bett.

Du willst Gesundheit - du brauchst Willen und Gewohnheiten

Es war ein sonniger Tag, und Max beschleunigte sein Tempo, als die Leute schrien. Als er am Ende des Waldes herauskam, sah er eine sehr große Wiese voller Menschen. Auf der anderen Seite befand sich ein sehr großer Palast. Es gab viele Leute auf der Wiese, die die konkurrierenden Männer beobachteten und ermutigten. Einige rannten, andere waren beim Bogenschießen, andere waren Rennpferde, andere kämpften. Mit einem Blick bemerkte Max einen kleinen Grat an der Seite, links vom Palast stand ein Baum und dort stand ein alter Mann mit mehreren Kindern. Von dort aus kann man offensichtlich alles sehen, was auf dem Rasen passiert. Er ging dorthin. Sobald er den Baum erreichte, begrüßte er den alten Mann und die Kinder und setzte sich neben sie unter den Baum, um auf die Wiese zu schauen, auf der alle Sport trieben.

- In welchem Fall findet dieser Wettbewerb statt? - fragte Max.

- In einigen Königreichen tun sie dies, wenn Könige ihre Töchter verheiraten wollen. Aber meistens konkurrieren Adlige und sehr reiche Kaufmannskinder. Wer gewinnt, gewinnt die Königstochter. Aber in unserem Königreich ist dies eine Tradition und wird jedes Jahr zur gleichen Zeit abgehalten. Seit der Zeit des Ur-Ur-Großvaters dieses Königs. Sie selbst nehmen ebenso oft teil wie andere Fürsten aus nahegelegenen Königreichen. Da gibt es immer

Auszeichnungen nach Disziplinen. Es gibt also einen endgültigen Gewinner mit den meisten Siegen in den verschiedenen Wettbewerben. Wie Sie sehen können, gibt es viele Leute zu beobachten und so gibt es viele Teilnehmer. Das dauert zehn Tage. Am letzten Tag verteilt der König kostenloses Essen an alle seine Untertanen, einschließlich an die Einwohner seines abgelegensten Dorfes.

- Sie haben also einen guten König. - sagte Max.

- Natürlich hat ein Mensch, der Sport treibt, immer eine gute Weltanschauung. - sagte der alte Mann.

- Ist nur der gut der sportlich ist? - antwortete Max.

- Nein, jeder kann gut sein, aber derjenige, der Sport treibt, ist definitiv besser als viele andere. - antwortete der alte Mann.

- Warum denkst du so, kannst du mir das beantworten, ich werde für deine Antwort dankbar sein? Fragte Max, weil er das Weltbild des alten Mannes verstehen wollte.

- Mein Junge, wenn jemand den Willen dazu hat Sport zu treiben und über seine körperliche Gesundheit nachdenkt, sorgt er dafür, dass sein Körper immer in guter Verfassung ist. Deshalb ist er nicht faul und feige, sondern eine kämpferische Person mit Mut und Ausdauer. Wenn ein Mensch Schwierigkeiten hat, seine Leistungen zu verbessern, investiert er Energie in das, was er anstrebt. Wenn du ein Streben hast, suchst du nach dem Weg zum Ziel. Und wer sucht, hat die Möglichkeit, seine Ziele zu erreichen. Wie wird es geschehen, wenn er das Ziel nicht anstrebt oder sich bemüht? Wie alles im Leben, mit Streben und Ehrgeiz zum Ziel, mit viel Arbeit, Sturz, Aufstehen und nur mit dem Gedanken, das Ziel zu erreichen, das man erreichen will. Die Person, die Sport treibt, hat sportlichen Ehrgeiz und er verbringt ihn mit Training und damit mit Anstrengung, nicht mit anderen Menschen. Er verbrennt seine negativen Gefühle als Energie für seine Kräfte. Nachdem er die negativen Kräfte verbraucht hat, betrachtet er die Welt selbstbewusster und mit Respekt für andere Menschen um ihn herum. Indem er den physischen Körper gesund hält, löscht er auch die schlechten Gedanken aus seinem Geist und beginnt nüchterner zu denken, und daher wird seine Seele heller und ruhiger. Und seine Chancen, ein guter Mensch zu sein, steigen. Je besser du als Mensch wirst, desto gerechter wirst du und schadest nicht anderen, im Gegenteil, du hilfst. In unserem Königreich haben wir Interesse an der Wahrheit. Die Menschen leben länger als in jedem anderen Königreich, selbst im Großen Königreich gibt es nicht so viele wie in unserem. Sport ist Gesundheit und Langlebigkeit. Jeder, der sich das angewöhnt und den Willen hat, kann zumindest aus gesundheitlichen Gründen Sport treiben, nicht für Belohnung. Es ist eine Frage der Wahl. Ich bin dreiundneunzig Jahre alt, aber ich verbringe mindestens eine halbe Stunde am Tag damit, zu Fuß zu gehen, ohne anzuhalten. Es gab eine Schweigeminute, Max wurde nachdenklich und dankte dem alten Mann für die Antwort.

- Danke für deine Antwort, ich mache dir kein Kompliment, aber du siehst wirklich nicht älter als sechzig aus. Bleib gesund, ich werde näher gehen, um die Athleten selbst zu beobachten. Max ging auf die Menge zu, damit er genauer hinsehen konnte. Während er ging, dachte er daran, sich zu engagieren, da er wusste, dass er viel trainiert hatte, er war zuversichtlich, dass er mindestens die Hälfte der Disziplinen gewinnen konnte. Aber er erinnerte sich an den Befehl seines Vaters, Ereignisse und Meinungen aufzuschreiben, die er als lehrreich empfand, ohne sich in Streitigkeiten und Problemlösungen einzumischen. Er musste nur zuschauen. Seine Geduld war ihm seit seiner Kindheit eingeflößt worden, und er wusste es.

Die Lüge ist im Moment stark, aber die Wahrheit wird mit der Zeit stark

Auf dem gewundenen Weg holte Max einen jungen Mann ein, der langsam vorwärts ging.
- Hallo, wohin gehst du so langsam und zögernd? Max sprach mit ihm.
- Hallo, mein Name ist Babekyan, vor uns liegt ein Dorf, dort ist ein Weiser, mit dem ich mich beraten möchte.
- Kann ich mitkommen, Ihr Gespräch könnte mir nützlich sein. - sagte Max.
- Es macht mir nichts aus, weil mein Problem ziemlich groß ist.
- Wenn du willst, kannst du es mir erzählen während wir gehen, und vielleicht hilft es dir ein wenig.
- Vielleicht fühle ich mich dann wirklich besser. - begann Babekyan zu sagen.
- Seit ich ein Kind war, neige ich dazu zu schummeln und zu lügen, deshalb fühle ich mich glücklich. Als Kind habe ich sogar gelogen, aber die Kinder haben mir vergeben. Je älter ich wurde, desto mehr scheuten mich die Leute, weil ich immer weniger diente. Es war lustig für mich, aber als sie es verstanden haben, wollten die Leute nicht mit mir reden. Vor einem Jahr war ich ein Hirte in unserem Dorf. Die Dorfbewohner vertrauten mir ihre Schafe an und dachten, ich würde sie den ganzen Tag weiden lassen und nicht durch das Dorf gehen und den Menschen dienen, sondern mit den Schafen auf der Weide sein. Aber selbst dort konnte ich mich nicht zurückhalten und beschwindelte die Leute aus dem

Dorf, dass Wölfe die Schafe angegriffen hatten. Sie ließen alles stehen und liegen und machten sich auf den Weg, um ihre Schafe zu retten. Als sie sahen, dass es nichts zu retten gab, kehrten sie zurück und warnten mich: Ist es so schwierig, nur zu rufen, wenn ich einen Wolf sehe? Ich kicherte, die Dorfbewohner aber waren unglücklich, weil sie ihre Arbeit verlassen hatten und weggelaufen waren und mehrere Stunden ihrer Zeit verschwendet hatten. Weniger als eine Woche verging und ich langweilte mich und tat das Gleiche - um das ganze Dorf wieder zu erschrecken. Ich sah zu, wie das ganze Dorf, einige mit Pfählen, einige mit Äxten, wieder zu den Schafen rannten. Diesmal haben sie nicht einmal auf mich geachtet, und nur ein alter Mann aus dem Dorf sagte mir: Babekyan, spiel nicht mit dem Feuer, du kannst dich verbrennen. Eine Lüge wird wahr, wenn sie oft wiederholt wird. Weniger als drei Tage später kam ein Rudel Wölfe und griff die Schafe an. Ich schrie mit aller Kraft, als ich ins Dorf rannte und auf dem Platz um Hilfe bat, aber die Leute sahen mich nicht einmal an. Ich ging zurück zu den Schafen, aber ein Dutzend Schafe war bereits mit den Wölfen verschwunden. Am Abend, als ich zurückkam, stellte sich heraus, dass unsere beiden Schafe verschwunden waren, fünf des Steuereintreibers und drei des Kneipenwirts. Im Dorf wollten sie nicht mehr, dass ich für sie als Hirte arbeite. Der Steuereintreiber und der Wirt waren sich einig, meinem Vater zu verzeihen, die Forderungen gegenüber meinen Schafen zu erlassen, wenn ich das Dorf verließ. Also verließ ich meine Heimat, gehe von Dorf zu Dorf und suche einen Job. Aber in jedem Dorf habe ich einen Witz gemacht und sie haben mich gejagt. Im letzten Dorf habe ich für einen Töpfer gearbeitet. Aber am Abend sagte ich, dass seine Töpfe undicht waren. Die Leute hörten auf zu kaufen und der Töpfer warf mich raus. So ist mein Schicksal. Ich hoffe, der Weise wird mir helfen.

Das Gespräch ging weiter, während man das Dorf sah. Sie beschleunigten ihr Tempo, um so schnell wie möglich anzukommen. Zwei Männer kamen aus dem Haus des Weisen. Einer wandte sich an Max und Babekyan und sagte:
- Der Weise ist allein, ihr könnt ihn besuchen. Es klopfte an der Tür und der Weise erschien. Er lud sie ein und zeigte ihnen, wo sie sitzen sollten.
- Ich höre euch zu, Jungs, wie kann ich euch helfen? Babekyan wandte sich an den Weisen und sagte:
- Nur ich brauche Hilfe, der andere Junge wollte mich nur begleiten.
Und er begann zu erzählen, was mit ihm geschah. Babekyan redete fast eine Stunde lang. Der Weise schwieg und dachte genau nach. Ein paar Minuten vergingen und schließlich sprach er:
- Im Allgemeinen lügen alle Menschen, wenn sie etwas zu ihren Gunsten erreichen wollen. Wenn es keine Lüge gibt, wird es keine Wahrheit geben. Jede Lüge hat Macht für einen kurzen Moment, aber früher oder später kommt sie ans Licht. Jede Wahrheit ist konstruktiv, auch wenn sie manchmal schmerzhaft ist. Stell dir vor, du bist unterwegs und kommst an einer Kreuzung an, jemand sitzt dort, du bittest ihn, dir den Weg zum Dorf A zu erklären, und er schickt dich in die entgegengesetzte Richtung. Sobald du in Dorf B ankommst, stellst du fest, dass du betrogen wurdest und du musst wieder zurückgehen und weiter nach Dorf A. du kannst die verlorene Zeit nicht zurückbekommen. Stell dir vor, du hättest in der gleichen Situation Waren von einem Händler ins Dorf A zu liefern und machst dich auf zu Dorf B. Bis du wieder zurück bist, sind die Waren möglicherweise verdorben und müssen vielleicht weggeworfen werden. Du verschwendest nicht nur Zeit, sondern hast du auch die Waren verloren, die du benötigst, um Geld für deine Familie zu verdienen. Die auch

essen muss und jetzt verloren ist. Gott bewahre, dass du dich nach der Medizin beeilst oder deiner kranken Mutter oder deinem kranken Kind. Die wären dann zum Tode verurteilt. Du stellst dich immer auf die Seite desjenigen, der sagt, wohin die anderen gehen sollen, und stell dich an die Stelle desjenigen, der getäuscht wird. Ihr Vater wurde verletzt, der Töpfer und seine Familie sind heute Abend möglicherweise hungrig ins Bett gegangen. Das belastet dein Gewissen. Wenn du keine Lektion lernst, wirst du früher oder später für deine Sünden bezahlen. Es gibt Königreiche, in denen sie die Zunge für eine Lüge abschneiden. Sobald du so weit gekommen bist, hast du vermutlich zumindest begonnen zu erkennen, was du tust. Die Lüge belastet die Seele, die Wahrheit hält sie ruhig. Wahrheit hilft, Lügen schaden. Die Wahrheit öffnet die Augen, die Lüge bedeckt die Augen mit Deckeln. Die Wahrheit zeigt uns den richtigen Weg, die Lüge den falschen. Mit der Wahrheit kannst du dein Vermögen vergrößern, aber mit der Lüge wirst du es verlieren. Es gibt nichts Einfacheres als die Wahrheit zu sagen. Um zu lügen, muss man etwas erfinden. Mit der Wahrheit kannst du helfen, mit der Lüge kannst du zerstören. Die Wahrheit ist wie eine dornige Blume, die Lüge ist wie ein schönes Grab. Die Wahrheit ist am schwersten zu glauben, die Lüge am einfachsten. Was ist die absolute Wahrheit, ich weiß es nicht. Willkommen draußen. Der Weise ging in den Hof. Er ging, nahm einen Einsatz und schrieb die Nummer sechs auf den Boden und lud Babekyan ein, sich gegen ihn zu stellen.

- Jetzt sag mir, Babekyan, welche Nummer du siehst.
- Neun. - antwortete Babekyan.
- Und ich sehe sechs. Deshalb fällt es mir sehr schwer, deine Wahrheit als wahr zu akzeptieren. Wie kann ich dir glauben, wenn ich sechs sehe? Es ist die Schuld der Menschen, dass sie sagen, was sie von ihrer Seite sehen und es als wahr

akzeptieren, aber es ist nicht die richtige Wahrheit. Meistens kam die Wahrheit nach einem Streit heraus. Aber die Schlauen und Klugen stehen auf beiden Seiten und betrachten Dinge und Umstände aus jedem möglichen Blickwinkel. Dies bedeutet jedoch nicht, dass ihre Wahrheit genau und vollständig ist. Aber sie sind der Wahrheit näher als andere, die noch nicht einmal darüber nachgedacht haben. Mein Rat an dich ist, bevor du etwas sagst oder tust, nur ein wenig nachzudenken und erst dann Dinge zu tun der zu sagen. Ob es für eine Person richtig, nützlich oder hilfreich ist, einem anderen Menschen oder der Natur zu schaden. Du kannst das Reale oder die Fakten erzählen. Aber ob sie wahr oder falsch sind, ist schwer zu bestimmen. Wichtig ist, sich selbst und anderen nicht zu schaden. Das weiß ich, das sage ich dir. An der Tür waren andere Leute die warteten.

- Danke, Weiser, ich werde versuchen, mich an die Worte zu erinnern - sagte Babekyan und stand auf, um zu gehen. Max ging mit ihm. Unterwegs wandte sich Max an Babekyan und sagte:

- Das Wichtigste ist, sich selbst und andere nicht zu verletzen und niemandem zu schaden. Und der Weise hat dir gesagt, Babekyan, du hast erkannt und ich denke, dass du Erfolg haben wirst, du wirst sogar mit der Zeit großen Respekt gewinnen. Ich wünsche dir viel Erfolg im Leben.

Und beide machten sich auf den Weg.

Was auch immer du gibst, wirst du auch erhalten

Max war bereits im Dorf angekommen. Es wurde dunkel und er musste Schutz suchen. Die Geräusche zu dieser Zeit waren im Dorf nicht zu hören. Er orientierte sich, wo er die Nacht verbringen könnte. In jedem Dorf gab es immer eine Familie mit einem guten Herzen die ihm Schutz gab, und er hatte Ihnen immer Münzen gegeben. Er fragte ein Kind, wo das Haus des Alten sei, der ihnen immer ohne Grund etwas gab. Und es zeigte ihm das Haus des alten Mannes Michel. Max klopfte an die Tür.

- Ich entschuldige mich, ich suche Opa Michell, Kinder haben mir gesagt, dass Sie mir helfen können, ich suche Schutz für den Abend.

- Wenn Sie mit einem guten Herzen gekommen sind, willkommen. "Ich lade dich ein, am Tisch zu sitzen." "Sag mir, junger Mann, was bringt dich hierher in unser Land." Woher kommst du, wohin gehst du, wonach suchst du? Max erzählte ihm, dass er von Königreich zu Königreich in die Dörfer gereist sei und die Ereignisse und die Lebensweise der Menschen beschrieb. Der alte Mann war froh, dass Max in seinem Alter lesen und schreiben konnte und sagte voraus, dass sein Schicksal dazu bestimmt war - den Menschen Gutes zu tun und dass er ein großer Mann werden würde. Wenn du über Wissen verfügst, hast du keine Angst die Hindernisse vor dir

zu überwinden. Währenddessen kochte Michells Frau das
Abendessen und hörte ihnen zu.
- Jetzt werde ich dir erzählen, was gestern in unserem Dorf
passiert ist. Wir haben eine reiche Familie. Sie haben viele
Tiere auf den Weiden, ein großes Haus auf dem Platz wo das
einzige Geschäft im Dorf ist. Sie hatten auch einen Sohn in
deinem Alter. Der Mann war ein verständnisvoller Mann, aber
seine Frau wurde vom Volk eine Hexe genannt. Sie stritt sich
mit allen, benahm sich arrogant und spöttisch. Und sie hat
ihren Sohn verwöhnt und ohne Respekt vor anderen erzogen.
Vor einem Monat ging ein Bettler durch das Dorf und bettelte
und wiederholte die ganze Zeit: „Wer was tut, tut es für sich
selbst." Und jeder, der die Gelegenheit hatte, gab ihm etwas
zu essen. Sie bauten sogar eine Hütte am Fluss. Aber da er
einen Monat blieb, beneidete ihn die böse Frau und wollte
ihm nichts geben. Er ärgerte sie und sie beschloss, ihn
loszuwerden. Sie machte Brot, tat Gift hinein und wartete
darauf, dass der Bettler wie jeden Tag durch das Dorf kam.
Sobald sie ihn sah, rief sie ihn an, gab ihm das Brot und sagte
ihm:
- Weil du die ganze Zeit sagst, wer was tut, tut es für sich.
Und deshalb habe ich es für dich gebacken. Hier ist auch
Wasser, damit dir das Brot nicht im Halse stecken bleibt.
- Danke, gute Frau. Gott wird dich für deine Güte belohnen. Er
nahm den Krug mit Wasser und ging. Er kam in seiner Hütte
an und wollte gerade essen, als der Sohn der reichen Frau
auftauchte. Er kehrte von einer Tour seiner Hütte zurück. Er
sah, dass der Bettler essen wollte und er sah das gute Brot. Er
stieg von seinem Pferd ab und nahm Brot des Bettlers ohne zu
fragen. Er fing an zu essen und sagte ihm:
- Du bist ein Bettler, dir wird ständig was gegeben und du bist
daran gewohnt, hungrig zu bleiben.
- Macht nichts, dieses Brot hat mir eine gute Frau gegeben.

Ich werde wieder rausgehen, um zu betteln, du bist jung und du brauchst Kraft.

Er aß das ganze Brot und ging nach Hause. Er schaffte es kaum, seine Mutter zu erreichen, denn er fühlte sich sehr unwohl. Sobald er nach Hause kam, legte er sich hin und krümmte sich vor Schmerzen. Seine Mutter war froh, dass er nach Hause gekommen war, aber als sie ihn so sah, fragte sie ihn:

- Was ist los mit dir, mein Junge?

- Ich hatte lange nichts gegessen und großen Hunger, da sah ich den Bettler und nahm sein Brot. Die Mutter wurde hysterisch, als sie herausfand, was passiert war. Wir haben den Jungen gestern begraben. Er ruft nur die Worte des Bettlers: "Wer was tut, tut es für sich selbst.". Denn die Worte des Bettlers beweisen die Wahrheit, was immer wir denken, kommt zu uns. Wenn wir etwas sagen, denken wir darüber nach und lösen es aus. Es wurde oft gesagt: „Richtet nicht, damit ihr nicht verurteilt werdet. Was Sie säen, werden Sie ernten. Was auch immer Sie auf den Tisch legen, werden Sie essen. Was wir oft geben, werden wir erhalten. Wenn wir Gift geben, werden wir vergiftet. Wenn wir lügen, werden wir angelogen. Wenn wir hassen, werden wir gehasst. Wenn wir zwingen, werden wir gezwungen. Wenn wir gierig sind, werden wir darin ertrinken. Wenn wir betrügen, werden wir betrogen. Wenn wir selbstbewusst sind, werden wir Erfolg haben. Wenn wir lieben, werden wir geliebt. Wenn wir helfen, wird uns geholfen. Wenn wir glauben, wird uns geglaubt. Wenn wir jemanden glücklich machen, wird uns jemand glücklich machen. Es ist wahr, mein Junge, so werden wir vom Schöpfer arrangiert. Unsere Gedanken sind der Beginn unseres Handelns. Deshalb sollte man immer in gutem Glauben denken.

Die Gastgeberin hatte das Abendessen eingestellt und alle aßen bereits.

Du willst Glück - du musst aufrichtig und dankbar sein

Es regnete leicht. Max hatte es eilig Schutz zu finden. Vor ihm stand ein großer Palast. Die großen Tore des Palastes standen offen. Max trat ein und wurde sofort von zwei Dienern begrüßt. Sie boten ihm eines der größten Schlafzimmer an. Zwei andere Diener brachten eine große Wanne füllten sie mit warmem Wasser und baten ihn, sich zu baden, wie es der Wille des Königs wäre. Einer der Diener flüsterte Max zu.

- Jeder, der unseren Palast betritt, wird von König Arthur begrüßt wie König, aber mit Bestrafung weggeschickt. Es gab kein Zurück, er hatte den Palast bereits betreten, zumindest um die Nacht zu verbringen und am Morgen würde er weiter überlegen. Sie badeten Max und gaben ihm saubere Kleidung. Max bedankte sich in seiner gewohnten Art immer für die wichtigen und die unwichtigen Dinge. Als sie ihn badeten, dankte er ihnen. Als sie ihm saubere Kleidung gaben, dankte er ihnen auch. Sie gaben ihm königliche Gerichte und königliches Essen. Max dankte auch den Dienern für die Großzügigkeit des Königs. Der König selbst saß so, dass Max ihn nicht sehen konnte, aber er hörte ihn den Dienern für all die Gastfreundschaft und Hilfe danken, die Gott ihm gegeben hatte. Nachdem sie Max zu Essen gegeben hatten, zogen sich die Diener zurück und fragten Max schließlich, was er brauche.

- Ich bin Ihnen und Ihrem König dankbar, dass Sie mich so gut behandelt haben.

Er legte sich hin und schlief ein. Am Morgen, als er aufwachte, war das königliche Frühstück fertig. Er setzte sich zum Frühstück und bevor er anfing zu essen, sagte er noch einmal:

- Ich bin Gott dankbar, dass ich heute wieder am Leben bin und meine irdische Reise fortsetze. Ich bin dankbar für die Großzügigkeit des Königs, ich bin dem Koch dankbar, der dieses Essen gekocht hat, ich bin den Dienern dankbar, die sich, um mich kümmern. Und er fing an zu essen. König Arthur konnte es nicht ertragen und kam aus seinem Versteck, setzte sich neben Max, begrüßte ihn und begann zu essen. Während sie frühstückten, schwiegen sie. Als sie gefrühstückt hatten, wandte sich Max an König Arthur.

- Vielen Dank für Ihre Gastfreundschaft und für die Fürsorge Hoheit.

- Ich bin so froh, dass du mein Gast warst, junger Mann. Ich hatte den Glauben verloren, dass es keine Menschen mehr gab, die dankbar sind. In den letzten zehn Jahren habe ich immer Gäste oder zufällige Passanten in meinem Königreich begrüßt, aber sie waren undankbar. Ich treffe sie, gebe ihnen Essen und Unterkunft und bekomme nicht mal ein Dankeschön. Es gab Leute, die versuchten, mich nach all dem auszurauben, und ich fing an, sie nach jeder Gastfreundschaft mit Prügel zu belohnen. Ich hatte gelernt, dass es für die Menschen am schwierigsten war, die Worte „Danke" und „Entschuldigung" zu sagen. Wie soll dich eine undankbare Person respektieren. Dankbarkeit ist für alles, was Mutter Natur uns gegeben hat. Aufrichtige Dankbarkeit ist Dankbarkeit gegenüber dem Schöpfer. Man sollte sich für alles und jeden bedanken. Angenommen, alles und jeder ist eine Schöpfung des Schöpfers. Durch Akzeptieren, dass der Schöpfer überall und in allem ist. Wir können uns selbst täuschen, aber wir können den Schöpfer nicht täuschen. Wenn wir aufrichtig dankbar und dankbar für das sind, was wir haben, gibt uns der Schöpfer umso mehr. Würden wir diesen Körper ohne den Schöpfer haben? Würden wir leben, wenn der Schöpfer nicht alles geschaffen hätte, was uns Leben gibt? Wer dankbar ist, hat ein glückliches Leben. Du hast eine sehr gute Erziehung, aber du bist kein Weiser, sondern ein junger Mann. Deshalb möchte ich dir dafür danken, dass du mein Gast warst, wer auch immer du bist und wohin du auch gehst, Gott wird seine Türen für dich öffnen. Ich wünsche dir gute Gesundheit und Erfolg im Leben. Geh mit Frieden und Freude. Wer nicht dankbar ist, wartet auf ihn, Ohrfeigen oder Schläge, wer dankbar ist, wartet auf einen angenehmen Abschied. Er stand auf und zog sich in sein Zimmer zurück. Zwei Diener kamen mit einer Tüte voller Lebensmittel für die Reise und schickten Max zum Ausgang, zu den großen Toren des Palastes.

Unser Schicksal ist das, was wir geplant und entschieden haben

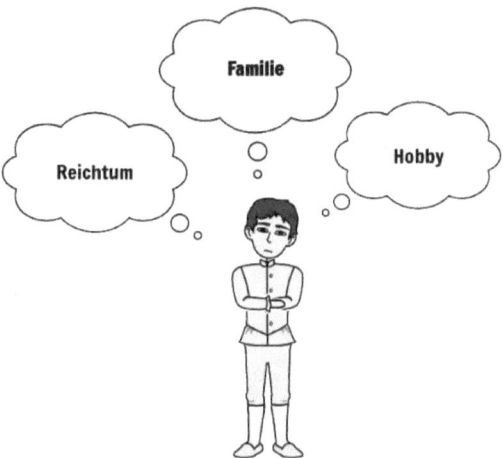

Genau am Tag seines achtzehnten Geburtstages stand Max vor den Toren des Großen Königreichs. Er war froh, dass er bereits nach Hause zurückgekehrt war. Er hatte um seine Eltern und seine Schwester getrauert. Er ging die gepflasterte Straße weiter entlang und vor ihm befand sich das majestätische Schloss seines Vaters. Anscheinend war seine Familie bereits darüber informiert worden, dass er jeden Moment im Palast sein würde. Am Eingang wartete seine kleine Schwester mit ihren Eltern an der Tür auf ihn. Sie umarmten ihn und küssten ihn und führten ihn durch die Korridore zum Thronsaal. Max bat um Erlaubnis, zuerst auf die Toilette zu gehen, um ein Bad zu nehmen und sich umzuziehen. Während dieser Zeit bereiteten die Diener ein reichhaltiges Essen nur für die königliche Familie. Als Max zurückkam, warteten seine Eltern mit seiner kleinen Schwester an einem reich arrangierten Tisch auf ihn. Er setzte sich und alle fingen an zu essen. Während sie aßen, wandte sich der König an Max und sagte:

- Bleib heute den ganzen Tag bei deiner Mutter und deiner
Schwester. Verbringe den Tag mit ihnen zusammen. Abends
werde ich mich auch euch anschließen. Aber für morgen
werde ich alle Verpflichtungen verschieben und wir werden
unser ernstes Überprüfungsgespräch von Anfang an
beginnen. Der König verließ den Speisesaal und wandte sich
seinen Aufgaben zu. Und der Tag verflog und Max umarmte
seine Schwester und sprach mit seiner Mutter. Der Abend war
eine Überraschung für Max, seine Lehrer und einige junge
Leute wurden an den Tisch eingeladen, mit dem sie am
Lehrplan für seine Entwicklung teilnahmen. Das Benehmen
war zurückhaltend und verhalten. Die wenigste Zeit fragten
die Gäste nach Dingen die Max Schwierigkeiten machten, nur
der König, der davon wusste, erlaubte sich beim Abendessen
einen Witz. Alle gratulierten Max zu seiner erfolgreichen
Rückkehr und   seinem Geburtstag. Die Geschenke waren
verpackt, und Max musste sich damit zufriedengeben, nur zu
erraten, was in ihnen verpackt war. Es war ein wunderschöner
Abend für Max. Wieder zurück zu Hause bei seinen Lieben.
Der König sagte gute Nacht und alle gingen in ihre Zimmer.
Max`s Gedanken sprangen von einem Weisen zum anderen.
Er wusste, was er in einem Jahr gelernt und gesehen hatte. Er
wusste, dass morgen auch ein wichtiger Tag für ihn sei. Er
wachte am Morgen auf, wusch sich, zog sich an und ging mit
seiner Familie zum Frühstück. Er begrüßte sie und setzte sich
zum Frühstück. Als sie mit dem Essen fertig waren, gingen sie
mit ihrem Vater zur Laube im königlichen Garten, wo sie über
seine einjährige Reise in die anderen Königreiche sprechen
wollten.
- Sag mir, mein Sohn, wie deine Reise verlaufen ist. Bist du
zufrieden und was hast du in dieser Zeit gelernt? Fragte der
König mit väterlicher Stimme.
- Vater, das hast du wohl durchgemacht, weil du mir gesagt

hast, es sei eine Tradition für unser Königreich. Ich habe drei Bände mit Notizen geschrieben. Drei Dinge sind mir sehr wichtig, ich habe Dinge beschrieben, die aus dem täglichen Leben jedes Menschen auf diesem Planeten stammen, und ich bin ihnen jeden Tag begegnet. Die anderen sind weitere Informationen darüber, wie die Königreiche regiert werden, und das dritte Thema ist der Nutzen für unser Königreich. Ich werde alle drei unserer Bibliothek zur Verfügung stellen, um auszuwählen was wiederholt wird und es zu entfernen und um was neu ist, es unserer Schatzbibliothek hinzuzufügen. Ich werde einen Entwurf überarbeiten und umschreiben und ihn die ganze Zeit neben meinem Bett aufbewahren. Man muss es oft noch einmal lesen, damit man die Dinge nicht vergisst. Weil die Menschen heute glücklich sind und morgen schon vergessen haben, was gestern war. Auf jeden Fall habe ich wirklich von den besten Lehrern gelernt, ich mag der beste Schüler sein, aber offensichtlich ist der Einfluss von Gefühlen sehr stark. Um uns zu kontrollieren, müssen wir ständig lernen und uns nicht vergessen. Ich habe viele gute Dinge gesehen, aber meistens sind andere Königreiche mit viel Armut und Unwissenheit infiziert. Was ich aus meiner Sicht gesehen und erlebt habe, ist, dass Unwissenheit und Faulheit die Grundlage von allem sind. Nicht jeder kann klug oder fleißig sein. Aber die Menschen selbst haben keine normale Erziehung und kein normales Wissen für ein besseres Leben. Nicht, dass sie es nicht wollen, ich denke, jeder würde es tun, aber sie haben nicht die Voraussetzungen dafür. Viele Königreiche halten ihr Volk in Armut, damit sie für immer regieren können. Sie sind gierig, aber selbst sie tun nichts, um Reich zu werden. In vielen Reichen wird den Menschen vermittelt, dass Reichtum eine schlechte Sache ist. Ich weiß nicht, wie wahr es ist, aber nach der Tatsache zu urteilen, dass es in unserem Königreich keine armen Menschen gibt, ist es ein Beispiel für die anderen Königreiche, warum sie sich beeinflussen: Wenn du arm bist, bist du glücklich. Hast du Geld – bist du ein Dieb, ein Betrüger oder ein Tyrann. Die einfache Wahrheit ist, reich zu sein. Das zu tun, was dir Freude macht, ist wichtig. Es ist nicht beleidigend, auch nur ein Pferdeknecht zu sein. Das Denken der Menschen selbst ist ein Problem, sonst nichts. Unsere Vorfahren bauten vier Gebäude zur Nutzung anderer Königreiche. Mein Ziel ist es, mindestens drei weitere und vielleicht mehr Gebäude zur Nutzung anderer Königreiche zu bauen. Ich möchte, dass diese Gebäude Schulen sind. Laut den Weisen wollen andere Königreiche nicht, dass die Menschen klug sind. Aber ich weiß, wie ich es ändern kann.

- Tut mir leid, dass ich dich unterbreche, aber wie kannst du diesen Gebäuden zu Schulen bauen? Du weißt, obwohl ich ein König bin, mache ich nie etwas, ohne die Lehrer, die Berater, die Kaufleute und schließlich die Leute zu konsultieren, die das letzte Wort mit uns haben. Ich kann mir alles leisten, aber wenn ich das Vertrauen der Menschen verliere und die Harmonie zusammenbricht, weißt du, dass wir wie die anderen Königreiche werden. - sagte der König.

- Papa, ich hätte nie gedacht, dass ich als königlicher Sohn tun könnte, was ich will. Ich drücke auch meine Meinung darüber aus, wie ich die Zukunft sehe. Ich kann nicht untätig sein. Ich hoffe, dass ich, wenn ich dir alle meine Motive, Vor- und Nachteile vorstelle und deine genehmigte Zustimmung erhalte, von Haus zu Haus gehe, um meine Absichten darzulegen, und indem ich die Zustimmung aller einholen kann, können wir in dieser Richtung daran arbeiten. Wir haben unsere Position, aber wir müssen auch die Position der meisten Königreiche haben. Kurz gesagt, Papa, wenn wir zwei Schulen haben, werden die königlichen Kinder wohl in der Einen lernen und die reichen Kinder in der Anderen.

Ich denke, ich werde Sie und unsere Untertanen überzeugen können, indem ich für die finanzielle und politische Seite des Themas plädiere, denn es ist besser, mit einer intelligenten Person zu sprechen als mit einem dummen, die an nichts interessiert ist. Deshalb haben wir ein Interesse daran, dass sie intelligent sind. Sie werden sogar so viel bezahlen, dass Sie überrascht sein werden. Meine Idee ist es, später die Möglichkeit für eine dritte Schule zu haben, die wir unterstützen müssen. Die Kinder darin werden aus der armen Klasse sein. Unsere Abgesandten werden, wenn sie die Erlaubnis erhalten, natürlich nach Kindern mit Talenten aus anderen Königreichen suchen. Wir werden die ersten sein, die von ihren Erfindungen profitieren, aber sie werden auch ihr Königreich auf diese Weise verbessern. Wenn die Söhne des Königs und die Söhne der Kaufleute mit der richtigen Ausbildung unterrichtet werden, werden wir immer mehr Verbündete haben. Ich nehme an, diejenigen, die intern gegen uns sein werden, werden keine große Auswahl haben, solange wir das Zentrum aller Königreiche sind. Mit dem, was sie gelernt haben, können sie menschlicher werden und selbstständig daran arbeiten, die Lebensweise in ihren Reichen zu verbessern. Viel hängt davon ab, was wir ihnen beibringen. Wenn wir Handel und Menschlichkeit betonen, werden sie wirklich am Handel interessiert sein, aber sie werden immer etwas im Sinn haben.
- Weißt du, mein Sohn, die meisten Weisen, die du getroffen oder von denen du gehört hast, sind unsere Untertanen. Wie du haben sie sich nach ihrem letzten Abenteuer freiwillig entschlossen, sich selbst zu geben und den Menschen aus anderen Königreichen zu helfen. Sie wählten diese Lebensweise für sich selbst und dachten, dass sie etwas Nützliches täten. Ich denke, vielen Menschen wurde geholfen, egal wie. Im Laufe der Jahre haben sie uns nicht vergessen, und in den meisten Fällen haben wir beispielsweise Geld

geschickt, um Familien zu helfen, die wirklich in einer Sackgasse waren. Wir haben auch Verbindungen zu ihnen. Aber Ihre Methode ist etwas anderes. Sie möchten, dass sie miteinander konkurrieren, um Ihnen Geld zu geben, damit sie klug und menschlich werden. Und ich bin sicher, wenn wir Geld anbieten, um sie zu trainieren, werden sie nicht zustimmen. Sie haben wirklich eine interessante Idee. Um dies zu erreichen, benötigst du wirklich viel Hilfe für die Nachrichten, die du sagen wirst.

- Mir wurde klar, dass mein Leben nicht langweilig wird, wenn ich mit Vergnügen das tun möchte, was ich will, und es geht darum, die Lebensweise der Menschen zu verbessern, es ist etwas Edles. Und wenn ich etwas Bedeutendes erreicht habe, wirkt es nach. Und dank dir habe ich eine gute Erziehung, ich möchte auch anderen helfen - es ist die Grundlage gegen alle Probleme im menschlichen Leben. Unwissenheit erzeugt Angst und behindert den Erfolg, und Faulheit hindert die Menschen daran, dies zu erreichen. Wenn die Menschen selbst das Wissen und die guten Gewohnheiten haben, werden sie immer Erfolg haben und glücklich sein. Ich habe vor, mehr Zeit für dieses Vorhaben aufzuwenden. Natürlich, Papa, nur wenn du es zulässt.

- Persönlich habe ich nichts gegen das, was du vorhast. Jeder ist verpflichtet, für das zu kämpfen, was er für richtig hält, und für das Wohl anderer. Aber bereite dich zuerst auf ein oder zwei Monate mit Ihren Argumenten und Motiven vor, um zuerst vor den Beratern und Lehrern zu überzeugen. Wenn du sie von der Richtigkeit und den Argumenten dieses Vorhabens überzeugen kannst ohne unser Königreich zu schädigen, erhöhen sich die Möglichkeiten um ein Vielfaches. Denn jeder, der dich unterstützt, wird hinter dir stehen und helfen. Aber ich rate dir noch einmal, denk einen Monat nach und beginne erst dann, deine Absichten darzulegen.

Helfe Bibliothekaren in dieser Zeit, deine Notizen ordnungsgemäß in unserer Schatzkammer zu erfassen. Ich bin froh, dass du lebend und gesund nach Hause gekommen bist, und sehr froh, dass du dein Ziel gefunden hast. Es ist manchmal schwieriger zu erreichen, aber mit Ausdauer und Fleiß hoffe ich, dass du Erfolg haben wirst.

Erwarten Sie die Fortsetzung

DER REICHTUM
DES GROSSEN KÖNIGREICHS
SEZ GIN

Wie Prinz Max seinen Traum verwirklichte. Mit seinem richtigen Denken und Handeln erfüllt er sein Ziel. Seine Methode gibt vielen Menschen ohne finanzielle Mittel die Möglichkeit, sich wie er zu verhalten und ihre Wünsche zu erfüllen. Dieser Weg geht bis heute weiter. Zuversichtlich auf dem Weg zum Ziel trifft Max die Liebe seines Lebens, Prinzessin Mary. Er ist sich sicher, dass das Leben das gibt, was wir wollen, wenn wir den wirklichen Reichtum nutzen, den wir haben.

FSC
www.fsc.org
MIX
Papier | Fördert
gute Waldnutzung
FSC® C083411

Zeitfracht Medien GmbH
Ferdinand-Jühlke-Straße 7
99095 Erfurt, Deutschland
produktsicherheit@kolibri360.de